Tanja Hartwig genannt Harbsmeier

Up- und Cross-Selling

Tanja Hartwig genannt Harbsmeier

Up- und Cross-Selling

Mehr Profit mit Zusatzverkäufen
im Kundenservice

Bibliografische Information der Deutschen Nationalbibliothek
Die Deutsche Nationalbibliothek verzeichnet diese Publikation in der
Deutschen Nationalbibliografie; detaillierte bibliografische Daten sind im Internet
über <http://dnb.d-nb.de> abrufbar.

1. Auflage 2009

Alle Rechte vorbehalten
© Gabler | GWV Fachverlage GmbH, Wiesbaden 2009

Lektorat: Barbara Möller

Gabler ist Teil der Fachverlagsgruppe Springer Science+Business Media.
www.gabler.de

Das Werk einschließlich aller seiner Teile ist urheberrechtlich geschützt. Jede Verwertung außerhalb der engen Grenzen des Urheberrechtsgesetzes ist ohne Zustimmung des Verlags unzulässig und strafbar. Das gilt insbesondere für Vervielfältigungen, Übersetzungen, Mikroverfilmungen und die Einspeicherung und Verarbeitung in elektronischen Systemen.

Die Wiedergabe von Gebrauchsnamen, Handelsnamen, Warenbezeichnungen usw. in diesem Werk berechtigt auch ohne besondere Kennzeichnung nicht zu der Annahme, dass solche Namen im Sinne der Warenzeichen- und Markenschutz-Gesetzgebung als frei zu betrachten wären und daher von jedermann benutzt werden dürften.

Umschlaggestaltung: Nina Faber de.sign, Wiesbaden
Satz: Fotosatz L. Huhn, Linsengericht
Druck und buchbinderische Verarbeitung: Krips b.v., Meppel
Gedruckt auf säurefreiem und chlorfrei gebleichtem Papier
Printed in the Netherlands

ISBN 978-3-8349-0786-8

Inhalt

Die erfolgreichsten Verkaufskonzepte beginnen beim
Service. Vorwort von Manfred Stockmann   9

Der beste Käufer ist der „Wiederkäufer" – Einleitung . . 11

1. Up- und Cross-Selling – was ist das eigentlich? . . . 13

2. Zusatzverkäufe in Call-Center und Kundenservice:
   Die aktuelle Marktsituation 17

   Wachstum im Call-Center-Sektor 17
   Der Markt im Inbourd-Sales 19
   Entwicklungen im Telefonverkauf 21

3. Guter Ruf zahlt sich aus: Fairer Verkauf statt
   Klinkenputzen 23

   Das Image des Verkaufs 23
   Was ist völlig „out"? 26
   Anspruchsvollere Käufer und faire Verkäufer 26
   Mehrwert für den Kunden 28

4. Intern oder extern – Synergien durch optimale
   Abstimmung 29

   Outbound-Call-Center 29
   Inbound-Call-Center 29
   Out- und Inbound-Call-Center 30
   Inhouse-Call-Center 30

5. Vom strategischen Konzept bis zur Umsetzung:
   Praxisbeispiele 33

   Beispiel: Bankhaus 33

Beispiel: Projekt aus dem öffentlichen Verkehr,
Pilotprojekte 35
Beispiel: Dienstleister mit dem Projekt Versandhandel,
Bestellhotline 38
Beispiel: Vertriebsinnendienst im Tagesverkauf,
Frischehandel 40
Beispiel: Softwarehandel 42
Bericht eines Agenten zum Einsatz von Up-
und Cross-Selling 44
Beispiel: Bildagentur 45
Beispiel: Industrieunternehmen 46
Beispiel: Versicherungsunternehmen 47
Beispiel: Reifengroßhändler 49
Up-Selling als neuer Vertriebsweg 50

6. Tipps für die Implementierung im Unternehmen . . . 53

Pilotkampagne vorschalten 53
Prioritäten setzen 53
In die Qualifizierung investieren 54
Stabsstelle für den Verkauf etablieren 55
Regelmäßiges Controlling einführen 56
Zusatzangebot: Pflicht oder Option? 57
Umsetzung bei der htp, Hannover 58

**7. Den Erfolg messen: Vom ROI und anderen
Kennzahlen** 63

Die wichtigsten Kennzahlen 63
Nicht jeder Call bringt Umsatz 66
Return on Investment 67
Reporting 68
Wann ist der ROI erreicht? 69

**8. Fit for Sales: Die Qualifizierung der
Mitarbeiter/innen** 73

Qualifizierung der Führungskräfte 73

Qualifizierung der Mitarbeiter/innen 74
Servicekommunikation 79
Verkaufskommunikation 80
Fragetechniken 82
Kaufsignale erkennen 85
Nutzenargumentation führen und Kaufmotive erkennen . 87
Die Drei-Schritte-Technik 93
Einwandbehandlung 96
Die Kaufentscheidung des Kunden 99
Umgang mit verschiedenen Kundentypen 102
Qualifizierung der Mitarbeiter/innen für Inbound-Sales
im AIDA Cruises Service Center 110

**9. Stolpersteine auf dem Weg vom Inbounder
zum Sales-Agenten** 113

Horizonterweiterung beginnt beim Mitarbeiter 113
Stolpersteine im Gesprächsverlauf 114
Stolpersteine beim Kundenverhalten 115
Stolpersteine im Informationsfluss 116
Stolpersteine in der eigenen Haltung 117
Mind Change – vom Inbounder zum Sales-Agenten . . . 118

10. Erfolgreich implementiert – und dann? 123

Faktoren der Qualitätsbewertung 123
Wie Motivation gelingt – und wie nicht 126
Verhaltensänderung braucht Unterstützung 129

11. Das verkaufsaktive Call-Center als Profit-Center . . 137

Eine ganzheitliche Betrachtung 137
Ein letztes Erfolgsbeispiel 147

Literaturverzeichnis 151
Die Autorin 153
Die Gastautoren 155
Dankeschön 159

Die erfolgreichsten Verkaufskonzepte beginnen beim Service

Liebe Leserinnen und Leser,

als ich von Tanja Hartwig gebeten wurde, zu ihrem neuen Buch mit dem Titel „Up- und Cross-Selling. Mehr Profit mit Zusatzverkäufen im Kundenservice" ein Vorwort zu schreiben, kam mir sofort die Erinnerung an ein Projekt in den Sinn, das ich vor einigen Jahren in einem Unternehmen begleiten durfte. Unter dem Druck, sich aus der Rolle des reinen Cost-Centers zu befreien, rief man das Projektmotto „Verkauf statt Service" aus. Mein erster Gedanke damals: „Hoffentlich meinen sie das nicht wörtlich!" Genau das ist es doch, was die Stimmung und Meinung der Verbraucher und Medien über Call-Center heute nicht nur in Deutschland prägt: lauer Service und immer wieder die Konfrontation mit unpassenden Verkaufsofferten.

Leider werden für den scheinbar schnellen Verkaufserfolg noch viel zu häufig verschiedenste Einzelmaßnahmen schlecht aufgesetzt und noch viel unprofessioneller abgearbeitet. Die Schäden, die durch solche Aktionen bei den (potenziellen) Kunden und damit mittelfristig auch für das Unternehmen angerichtet werden, misst kaum jemand. Wenn das eine Pferd totgeritten ist, wird halt schnell das nächste gesattelt.

Ruckzuck die Techniken des Verkaufs vermitteln, Gesprächsleitfaden vorgeben, Adressen beschaffen und dann mal schnell Outbound-Calls in anrufschwachen Inbound-Zeiten durchführen – das Verzweiflungskonzept, das schon vielfach schief gelaufen ist, werden Sie, verehrte Leserinnen und Leser, in den folgenden Kapiteln nicht finden. Aber dazu bräuchten Sie auch kein Buch, das könnten Sie sich auch von Ihren erfolglosen Mitbewerbern abschauen ...

Die erfolgreichsten und nachhaltigsten Verkaufskonzepte beginnen beim Service. Und hier setzt Tanja Hartwig mit ihrem Buch an. Ich kenne sie schon seit einigen Jahren und weiß, dass für sie in ihren Konzepten und Trainings immer auch der Kundenmehrwert eine entscheidende Rolle spielt. In den folgenden Kapiteln zeigt sie, wie man Up- und Cross-Selling professionell im Kundenservice implementiert, Mitarbeiter optimal qualifiziert und ein verkaufsaktives Call-Center als Profit-Center organisiert.

Es freut mich, dass es Tanja Hartwig auch mit ihrem zweiten Buch gelungen ist, nicht nur viele Erfahrungen aus eigenen Projekten aufzunehmen, sondern auch wieder Praktiker mit strategischem Weitblick und nachgewiesener Umsetzungskompetenz zusammenzubringen, die uns an ihrem Wissen teilhaben lassen.

Ich wünsche allen Leserinnen und Lesern eine anregende Lektüre über Grundlegendes, Strukturen und Praxisbeispiele und viel Freude und Erfolg bei der eigenen Umsetzung.

Ihr
Manfred Stockmann
Inhaber der C. M. B. S. Managementberatung, Olching b. München
Präsident des Call-Center Forum Deutschland e. V., Berlin
Vice President der European Confederation of Contact
Centre Organisations, Brüssel

Der beste Käufer ist der „Wiederkäufer"

1998 war ich als Agentin in einem Call-Center tätig und wurde das erste Mal mit Zusatzverkäufen im Inbound und im Outbound konfrontiert. Nur nannte das damals niemand so, es hieß ganz profan: Angebot des Monats. Dieses Angebot des Monats wurde entsprechend lieblos präsentiert, und der Erfolg hielt sich in Grenzen.

2001 ergab sich eine neue Situation: Ich war als Inhouse-Call-Center-Leiterin in der Telekommunikationsbranche tätig, und unser Dienstleister für die Info-Hotline fragte an, ob sie nicht die interessierten Anfragen in Verträge wandeln könnten. Diese Idee stieß bei uns auf große Begeisterung, und wir schulten die Agenten erstmals für den Inbound-Sales. Als ehemalige Outbounderin war es für mich ein Leichtes, den Verkauf zu etablieren. Diesmal war der Ansatz mit mehr Erfolg gekrönt.

Im Jahr 2003, inzwischen hatte ich mich mit meinem Trainingsunternehmen selbstständig gemacht, betreute ich ein großes Projekt in der Telekommunikationsbranche. Hier implementierten wir über einen langen Zeitraum sehr erfolgreich Inbound-Sales. Genaueres dazu erfahren Sie in diesem Buch.

Seit diesem Zeitpunkt begleitet mich das Thema Inbound-Sales ständig bei meinen Aufträgen, und wir haben inzwischen sehr unterschiedlichen Unternehmen in diversen Branchen geholfen, Up- und Cross-Selling zu etablieren.

Fünf Jahre später – 2008 – erhält Inbound-Sales eine völlig neue Dimension. Gerade in Zeiten der erschwerten Outbound-Aktionen wird das Potenzial der Bestandskunden immer interessanter für die Unternehmen. Hier ist noch Wachstum zu verzeichnen. Interessant ist, dass dabei das Thema „Qualität" im Vordergrund steht und nicht mehr „auf Teufel komm' raus" verkauft wird. Nur wer Wert auf Kontaktqualität legt, wird sich auf Dauer positiv behaupten können. Ebenso stehen die Aspekte des Controllings und der Messbarkeit immer mehr im Fokus. Doch viele Parameter, die für den Bereich Outbound gelten, sind noch nicht überall im Inbound-Sales angekommen. Das Controlling und das direkte Feedback für den Agenten werden noch zu sporadisch umgesetzt. Eine zusätzliche Herausforderung für das Unternehmen besteht darin, dass sich die Anforderungsprofile der Agenten verändern und die Rekrutierung darauf vorbereitet werden muss. Vertriebsorientierte Mitarbeiter/innen sind nun gefordert. Der Gewinn für das Unternehmen, für den Mitarbeiter und für den Kunden ist hoch: Denn der beste Käufer ist der „Wiederkäufer".

Was erwartet Sie in diesem Buch?

Dieses Buch richtet sich in erster Linie an Leiter und Mitarbeiter von Inbound-Call-Centern, Kunden-Hotlines und Vertriebsinnendiensten. Darüber hinaus ist es für alle interessant, die sich mit dem Thema Zusatzverkauf beschäftigen. Sie finden hier viele Praxisbeispiele aus unterschiedlichen Branchen, die Ihnen zeigen, wie sich Up- und Cross-Selling systematisch und erfolgreich im Kundenservice implementieren lässt. Sie erhalten Tipps und Ideen für Ihre eigene Arbeit. Der Inhalt ist bewusst praxisnah formuliert und bezieht sich ausschließlich auf existierende Projekte. Zusätzlich wird ein Schwerpunkt auf die Qualifizierung der Mitarbeiter/innen und Führungskräfte gelegt. Auch hier bekommen Sie viele Anregungen und Umsetzungsempfehlungen. Die Beiträge von Gastautoren vermitteln Ihnen einen vertieften Einblick in ausgewählte Bereiche.

Ich wünsche Ihnen nun viel Spaß beim Lesen und
viel Erfolg bei der Umsetzung,

Ihre Tanja Hartwig

1. Up- und Cross-Selling – was ist das eigentlich?

Die Aussichten für den Verkauf sind gegenwärtig nicht besonders rosig: Die Märkte sind gesättigt, Neukundenakquise wird immer schwieriger. Dazu kommt eine eher stagnierende oder sehr vorsichtige Konsumbereitschaft.

In solchen Zeiten kann Up- und Cross-Selling, also der systematische Zusatzverkauf, helfen. Denn, richtig geplant und umgesetzt, bietet er eine Reihe von Chancen:

- Das Kundenpotenzial lässt sich besser ausschöpfen.
- Der Kundenwert wird erhöht.
- Profitable Kundenbeziehungen können verlängert werden.
- Umsätze werden gesteigert und die Kundenbindung verstärkt.

Das Besondere ist, dass Unternehmen auf bereits vorhandenes Kundenpotenzial zurückgreifen können. Hier bestehen vor allem für Call-Center und Kundenservice-Abteilungen große, zusätzliche Umsatzchancen. Kunden, die bei einem Unternehmen anrufen, sind in der Regel eher kaufbereit. Wenn ihr Anliegen (zum Beispiel eine Supportanfrage) positiv gelöst wurde, steigt die Bereitschaft, sich ein Verkaufsangebot anzuhören.

Möglichkeiten und Grenzen von Telefonverkauf

Der Telefonverkauf kann in vielen Segmenten eingesetzt werden. Voraussetzung dafür ist, dass das Produkt per Telefon erklärbar ist. Mögliche Grenzen existieren im Segment von hochpreisigen und erklärungswürdigen Produkten. Hier macht es Sinn, zusammen mit dem Vertrieb und Marketing eine Gesamtstrategie zu planen. Zum Beispiel kann per Inbound auf das Produkt aufmerksam gemacht und Infomaterial versendet werden. Der Außendienst oder eine spezielle Sales-Abteilung können dann gezielt nachfassen und den Verkauf abschließen.

Die Definitionen im Einzelnen

Nun schwirrt schon eine ganze Reihe von Begriffen durch diese ersten Absätze. Was aber ist genau Up-Selling? Ab wann heißt es Cross-Selling? Wie definiert man Inbound- und Outbound-Sales? Hier also zunächst einige grundlegende Definitionen.

Up-Selling
Up-Selling heißt, dem Kunden ein höherwertiges beziehungsweise höherpreisiges Produkt zu verkaufen. Das Ziel ist, das eigene Produkt zu „veredeln" oder zu ergänzen. Man kann auch von einem **Upgrade** sprechen.

Beispiel Nr. 1:
Frau Meyer nutzt bisher das Internet mit einer analogen Leitung. Mit DSL verbessert sie ihren bisherigen Internetzugang und „veredelt" somit die analoge Leitung.

Beispiel Nr. 2:
Herr Müller möchte eine Reiseauskunft für die Reise mit der Bahn. Der Agent am Telefon bietet Herrn Müller an, die Fahrkarte direkt bei ihm zu buchen – zusätzlich mit einer Platzreservierung.

Beispiel Nr. 3:
Frau Schulze möchte gerne ihre Versicherung verlängern lassen. Die Mitarbeiterin bietet ihr eine Erweiterung des Versicherungsschutzes an.

Cross-Selling
Beim Cross-Selling wird dem Kunden ein Produkt aus einer anderen Produktgruppe angeboten. Das Produkt kann eine passende Ergänzung sein; es kann aber auch unabhängig vom eigentlichen Produkt sein. Es handelt sich hier um den so genannten **Quer-** oder **Kreuzverkauf**.

Beispiel Nr. 1:
Herr Schmidt bestellt eine Software zum Thema Steuern. Ihm wird

vom Agent eine andere Software zum Thema Datensicherung zusätzlich angeboten. Dieses Produkt ist aus einer anderen Produktgruppe.

Beispiel Nr. 2:
Frau Niemeyer kauft Bettwäsche per Telefon und erhält den Hinweis auf das Produkt des Monats.

Beispiel Nr. 3:
Herr Weiß interessiert sich für einen neuen Handyvertrag und erzählt im Gespräch über sein neues Auto. Der Agent reagiert darauf und bietet Herrn Weiß eine Freisprecheinrichtung für das Auto an.

Multi-Up-Selling
Zum verkauften Produkt wird dem Kunden eine Auswahl von passenden Zusatzprodukten angeboten. Diese Angebote wurden vorher zusammengestellt, damit haben die Agents eine größere Auswahl im Verkaufsgespräch.

Beispiel Nr. 1:
Frau Stein bestellt einen Ring. Die Agentin bietet ihr dazu passend eine Kette und Ohrringe an, ergänzend dazu eine schöne Schmuckschatulle und ein Silberputztuch.

Beispiel Nr. 2:
Herr Kunze bestellt für sein Unternehmen einen neuen Computer. Der Mitarbeiter an der Hotline berät ihn bei der Produktauswahl und bietet ihm den dazu passenden Bildschirm und Drucker an.

Inbound-Sales
Unter Inbound-Sales verstehen wir alle Verkaufsaktivitäten im Inbound-Call-Center.

Outbound-Sales
Mit Outbound-Sales sind alle Verkaufsaktivitäten im Outbound gemeint. Weitere Outbound-Aktivitäten sind Nachfasstelefonate, Terminvereinbarungen und Kundenbefragungen.

Auch im Outbound gibt es die Möglichkeit, Zusatzverkäufe zu platzieren. Wenn der Kunde das angebotene Produkt interessant findet, kann der Mitarbeiter noch ein anderes dazu passendes Produkt anbieten. Das nennen wir dann:

Outbound-Up-Selling
Dem Kunden wird zusätzlich zu dem Angebot ein weiteres passendes Produkt vorgestellt.

Fazit
Up- und Cross-Selling bieten in ihren verschiedenen Formen Call-Centern und Kundenservice-Abteilungen vielfältige Möglichkeiten zur Umsatzsteigerung.

2. Zusatzverkäufe in Call-Center und Kundenservice: Die aktuelle Marktsituation

> *It's five times cheaper to serve an old client than to go out and get a new client.*
> Marketing-Weisheit

Dass Call-Center und Kundenservice verkaufsaktiv agieren, ist in den letzten Jahren immer wichtiger geworden. Viele Unternehmen haben erkannt, dass das Wachstumspotenzial nicht nur in der Neukundenakquise, sondern vor allem bei den bestehenden Kunden liegt. Neue Kunden zu gewinnen, ist oftmals erheblich kostenintensiver, als das Potenzial bei bereits bestehenden Kundenbeziehungen auszuschöpfen. Durch Zusatzverkäufe lässt sich schnell eine Ertragssteigerung erreichen.

In diesem Kapitel bekommen Sie einen Überblick über die gegenwärtige Situation in Deutschland. Die gestiegene Bedeutung von Zusatzverkäufen für den Kundenservice und den Call-Center-Markt wird beleuchtet; aktuelle Entwicklungen in verschiedenen Branchen werden skizziert.

Wachstum im Call-Center-Sektor

Der Dienstleistungsmarkt wächst, und das gilt insbesondere für den Call-Center-Sektor. Das durchschnittliche Branchenwachstum der vergangenen Jahre liegt bei etwa sieben Prozent pro Jahr, das ist drei- bis viermal so hoch wie der jährliche Anstieg des Bruttosozialprodukts[1]. Die Mitarbeiter/innen in den Call-Centern betreuen im Durchschnitt täglich 20 Millionen Kundenkontakte. Davon sind

---

1 Vgl. acquisa, Extraheft Call Center 2006/2007.

laut Deutschem Dialogmarketing Verband[2] (DDV) etwa zwei Drittel eingehende Calls (Inbound) und ein Drittel ausgehende Anrufe (Outbound).

Aktuell beschäftigen etwa 4600 Unternehmen in 5700 Call-Centern 435000 Mitarbeiter/innen. Davon arbeiten über 50 Prozent in Teilzeit. Mehr als ein Drittel, zirka 150000 Menschen davon, arbeiten Outbound (Studie Aspect Software und Call Center Forum, 2007[3]). Bereits jetzt arbeitet in Deutschland jeder 100. Erwerbstätige in einem Call-Center. Laut Schätzungen der Fachzeitschrift Teletalk werden in den nächsten Jahren bis zu 80000 neue Arbeitsplätze dazukommen.

Art der Call-Center:
Rein Inhouse: 44 Prozent
Rein Dienstleister: 16 Prozent
Gemischt: 40 Prozent
Quelle: Profitel: Call Center Benchmark-Studie 2006

Das Wachstum der Call-Center-Branche hat auch eine gestiegene Nachfrage im höherwertigen Inbound zur Folge; viele Unternehmen nutzen den zusätzlichen Verkauf über das Telefonat als wichtiges Instrument zur Verkaufssteigerung. Verkaufsaktive Agents sind deshalb inzwischen für alle Arten von Call-Centern eine strategische Unternehmensgröße.

Dabei wird die Qualität der Anrufe immer wichtiger, denn das schlechte Image der Outbound-Calls und der Service-Hotlines schlägt sich auf das Kundenverhalten nieder. Aus diesem Grund achten Unternehmen vermehrt auf einen hohen Standard und qualifizierte Mitarbeiter/innen. Auch die Diskussion um den Ehrenkodex für Call-Center wirkt sich positiv auf den Ruf der Branche aus.

---

2 www.ddv.de.
3 www.ccf-ev.de.

Der Markt im Inbound-Sales

Ein Gesamtüberblick über den aktuellen Markt im Bereich Inbound-Sales existiert leider nicht. Es werden immer wieder Teilbereiche untersucht wie zum Beispiel der Telekommunikationsmarkt, der Bankensektor und der Finanzdienstleistungssektor. Da inzwischen in fast allen Segmenten der Inbound-Telefonie zusätzliche Verkaufsangebote platziert werden, ist davon auszugehen, dass dieser Markt noch lange nicht komplett erschlossen ist.

Laut einer Studie des Magazins Sales Profi, die bei über 500 Abnehmern von Industriegütern durchgeführt wurde, beziehen nur 30 Prozent der Kunden mehr als eine Produktkategorie beim jeweiligen Lieferanten.[4] Und das, obwohl 60 bis 90 Prozent der Kunden bereit sind, bestimmte weitere Produkte „ihres" Lieferanten zu kaufen.

Andere Studien bekräftigen diese Aussagen. In einer branchenübergreifenden Studie von Heiko Schäfer[5] wird deutlich, dass viele Unternehmen **Cross-Selling-Möglichkeiten** nur bis zu einem Drittel nutzen. In einigen Branchen ist die Ausschöpfung sogar noch geringer.

Im **Bankensektor** ist in den letzten Jahres einiges geschehen. So haben Banken vermehrt in Kundenbindungsmaßnahmen und Kundenservice investiert. Die Servicequalität hat sich verbessert, aber die Banken haben bislang ihre Ertragspotenziale noch nicht ausgeschöpft.

Die Unternehmensberatung Booz Allen Hamilton hat dazu eine vergleichende Retail Banking-Studie durchgeführt[6]. Die Hauptkritikpunkte der Kunden sind die mangelnde Güte der Beratung und die nicht ausreichende Verzahnung der unterschiedlichen Vertriebskanäle.

---

4 N. Beutin/H. Schäfer: Cross-Selling. Verdienen mit Zusatzgeschäften, in: Sales Profi 11/2000, S. 20 ff.
5 H. Schäfer: Die Erschließung von Kundenpotentialen durch Cross-Selling, Wiesbaden 2002.
6 Vgl. Booz Allen Hamilton: Retail Banking-Studie, in: TeleTalk 11/2007, S. 47.

International liegen die deutschen Banken beim Privatkundengespräch nur im Mittelfeld. Das Potenzial für Up- und Cross-Selling liegt weitgehend brach. Laut einer Studie von Ibi Research verkaufen Banken und Sparkassen in Deutschland, Österreich und der Schweiz nur drei von sieben möglichen Produkten. Die Untersuchung „Cross-Selling bei Banken und Sparkassen"[7] zeigt auf, dass Cross-Selling sehr unterschiedlich genutzt wird. Einige Banken verkaufen bis zu fünfmal so viele Produkte wie andere. Die erfolgreichen Kreditinstitute setzen hierbei auf Leitfäden zur Kundenansprache und eine Vertriebsdatenbank. Ibi Research moniert, das Banken und Sparkassen im deutschsprachigen Bereich zahlreiche Defizite in der Sammlung von Kundennutzungsdaten offenbaren. Nicht alle Up- und Cross-Selling-Potenziale werden so freigesetzt. Fast alle befragten Kreditinstitute halten das genaue Wissen über den einzelnen Kunden und seine Bedürfnisse für wichtig. Trotzdem wird noch zu wenig auf individualisierte Kundenansprache gesetzt.

Laut eines aktuellen Forschungsprojektes für Dienstleistungs- und Technologiemarketing der TU München sind im **Kreditkartenbereich** noch Zuwächse von 25 Prozent möglich. Bei manchen Telekommunikationsunternehmen prognostiziert das Forschungsprojekt sogar noch Zuwächse von über 60 Prozent. Voraussetzung dafür ist, dass das Beratungsgespräch optimal durchgeführt wird. Fühlt sich der Kunde gut behandelt und wurde sein Anliegen bearbeitet, dann ist er offen für Zusatzverkäufe.

Im Forschungsprojekt wurden Kunden eines **Telekommunikationsunternehmens** untersucht. 75 Prozent der Kunden hatten Services ohne Grundgebühr abgeschlossen. Diese Art von Dienstleistung wird erst dann abgerechnet, wenn der Service tatsächlich in Anspruch genommen wird. Die zusätzlichen Umsätze sind damit abhängig vom Telefonierverhalten der Kunden. Kunden, die eine Servicegebühr hatten, akzeptieren zu 12,55 Prozent das Zusatzangebot. Bei Kunden ohne Servicegebühr waren es 64,57 Prozent.

---

7 Ibi Research: Cross-Selling bei Banken und Sparkassen. Empirische Analyse zu Status quo, Trends und zukünftige Anforderungen, Regensburg 2007.

Die Zusatzangebote hatten eine höhere Gesprächs- und Wartezeit zur Folge. Die zusätzlichen Kosten dafür sowie für Training und Coaching wurden aber durch den Gewinn über die Zusatzangebote wieder eingespielt. Die Kosten für das Up- und Cross-Selling waren um einiges niedriger als die für die Neuakquisition der Kunden.

Ein klassischer Markt für das Up- und Cross-Selling ist seit Jahren der **Versandhandel**. Zusatzangebote, Nachfass- und Angebotsaktionen sind das tägliche Geschäft. Die Verlagsbranche hat inzwischen diesen Markt auch für sich entdeckt und generiert damit in Zeiten sinkender Abo- und Anzeigenzahlen mehr Umsätze. In folgenden Segmenten werden Zusatzverkäufe im In- und Outbound eingesetzt:

- Platzierung neuer Titel auf dem Markt,
- Kündigerrückgewinnung,
- Generierung von neuen und von Zusatz-Abos,
- Angebot von Zusatzprodukten zum Beispiel aus dem Lifestyle-Bereich.

Entwicklungen im Telefonverkauf

Betrachtet man den aktiven Telefonverkauf über verschiedene Branchen hinweg, kann man folgende Entwicklungen erkennen:

- Telesales-Aktionen im In- und Outbound werden verstärkt zur Vertriebsunterstützung genutzt.

- Viele Unternehmen kombinieren verschiedene Vertriebskanäle: Telefon, Internet, Außendienst und den Shopverkauf.

- Entweder wird der Vertriebsinnendienst in den aktiven Verkauf einbezogen oder Telesales-Projekte werden an Dienstleister ausgelagert.

- Auch kleine Betriebe und der Mittelstand entdecken den aktiven Telefonverkauf für sich.

- Service-Hotlines bieten ein zusätzliches Potenzial.

- Kundenwünsche lassen sich mittels CRM-Systeme auswerten und können für zukünftige Kampagnen genutzt werden.
- Up- und Cross-Selling-Projekte werden gezielt eingesetzt und bringen neben Mehrumsätzen Erkenntnisse für das Produktmarketing, den Vertrieb und das Controlling.
- Gerade im Inhouse-Bereich wird mit gezielten Telesales-Angeboten der Wandel vom Cost-Center zum Profit-Center vorangetrieben. Der Arbeitsplatz beziehungsweise der Standort werden ebenfalls damit gesichert.

Fazit
Die strikte Trennung zwischen *Outbound-Call-Center = Sales* und *Inbound-Call-Center = Beratung* lässt sich nicht mehr aufrechterhalten. Inbound-Call-Center übernehmen immer mehr komplexe Vorgänge und bieten zusätzlich den Kunden passende Produkte an. Man spricht jetzt vom aktiven Inbound und die Mitarbeiter/innen benötigen dafür andere Fähigkeiten: Multi-Skills und Verkaufsaffinität.

3. Guter Ruf zahlt sich aus: Fairer Verkauf statt Klinkenputzen

Zusatzverkäufe im Unternehmen zu etablieren bedeutet auch, sich mit dem Ruf des Verkaufens an sich auseinanderzusetzen. In Deutschland hat der Verkauf häufig ein negatives Image, obwohl allen bewusst ist, dass er die Lebensader der gesamten Wirtschaft ist. In diesem Kapitel erfahren Sie, wie die Haltung des „fairen Verkaufs" nicht nur die Identifikation des Agenten mit der Sales-Tätigkeit verbessert, sondern überdies dem Kunden einen größeren Nutzen bietet.

Das Image des Verkaufs

In meinen Trainings lasse ich oft sammeln, welche Begriffe den Teilnehmern zum Thema „Verkauf" einfallen. Als erste Assoziationen werden Begriffe genannt wie „über den Tisch ziehen", „aufschwatzen", „aufdrängen", „aufdrücken", „teuer". Mit diesen Gedanken im Kopf lässt es sich tatsächlich schlecht verkaufen.

Verkaufen ist ... (negative Assoziationen)
(gesammelt im Training)
- anstrengend
- manipulativ
- Türklinken putzen
- Drückerkolonne
- Geldverlust
- Geld scheffeln
- teuer
- Geld aus der Tische ziehen
- Kunde über den Tisch ziehen
- rufschädigend

- Druck, Stress
- ein „Muss"
- unseriös
- Abzocke
- Angst vor dem „Nein"

Verkaufen ist ... (positive Assoziationen)
(gesammelt im Training)
- Kundenbindung
- Wachstum
- Tauschhandel
- Kundengewinnung
- Emotionen
- Nachfrage
- Prestige
- Sicherheit
- Nutzen für den Kunden
- Erfolgserlebnis
- Bedürfnisbefriedigung

Zum Schmunzeln

Ein Politiker, ein Architekt, ein Chirurg und ein Verkäufer unterhielten sich darüber, wessen Beruf der älteste sei.

„Nun", sagte der Chirurg, „Gott schuf Eva aus Adams Rippe – das ist doch sicher eine Arbeit für den Chirurgen?" „Ja", antwortete der Architekt, „aber vorher schuf Gott Ordnung aus dem Chaos, und das ist Arbeit für den Architekten."

Der Politiker meinte einen Volltreffer zu landen, als er selbstgewiss fragte: „Und wer ist ursprünglich für das Chaos verantwortlich?" Alle erwarteten gespannt die Stellungnahme des Verkäufers. Der sagte: „Und wer überzeugte Gott zunächst einmal, dass das ganze Projekt eine gute Idee sei?"

(aus: J. O'Connor/K. Prior: Fair verkauft (sich) gut, Freiburg 1996)

Verkaufen ist kein einfacher Beruf, und das schlechte öffentliche Ansehen macht ihn schwerer als nötig. Verkaufen belebt negative Vorstellungen und Gefühle. Dabei ist das Verkaufen an sich ein ehrenhafter Beruf. Und ein Verkäufer ohne Kunde ist nutzlos. Somit ist der Kauf das Ergebnis einer kooperativen Interaktion zwischen Käufer und Verkäufer.

Das schlechte Image ist nicht ohne Grund entstanden. Lange Jahre herrschte ein altmodisches Verkaufsklima vor, bestehend aus dem Ego-Trieb (Wie stark ist der Wunsch, den Verkauf abzuschließen?) und der Ego-Stärke (Wie viel Ablehnung kann der Verkäufer/die Verkäuferin einstecken?).

Das Verkaufen wurde als einseitige Einflussnahme gesehen, und Verkäufer/innen waren gezwungen, mit allen Mitteln an zunehmend „widerspenstige" Kunden zu verkaufen. Der Verkäufer zwang sich zum Verkaufen und bedrängte den Kunden. Es war ein Kampf der Trickreichen, das Gewissen hatte dabei keinen Platz.

Das galt insbesondere auch für den Telefonverkauf und die Call-Center-Branche. Zum Glück ist diese Haltung unter Druck geraten, und es hat ein Wechsel stattgefunden. Statt Manipulation steht jetzt der positive Einfluss im Vordergrund.

Wichtig ist auch, zwischen den tatsächlich schlechten Verkäufern und den Vorannahmen der Kunden differenzieren.

Viele Kunden haben bereits selbst ungute Erfahrungen mit Akquiseanrufen und/oder mit dem Service der Hotlines gemacht. Beim genauen Nachfragen überwiegen die positiven Erfahrungen, nur bleibt dem Kunden eher das negative Erlebnis in Erinnerung. Diese Erlebnisse prägen leider das Image des Telefonverkaufs. Durch einen exzellenten Service ist es möglich, diesem Bild entgegenzusteuern. Ein sehr gutes Servicegespräch ist in der Regel auch der Einstieg in ein Verkaufsgespräch.

Was ist völlig „out"?

Inzwischen gibt es auch Verkaufstechniken, die völlig „out" sind. Dazu gehören die Technik der **Ja-Schiene** (auch Ja-Straße genannt) und der Einsatz von **Suggestivfragen**. Suggestivfragen sind Fragen, die in einer Art und Weise beeinflussen, dass die Antwort schon vorgegeben ist.

„Sie möchten doch sicher auch, dass Ihre Kinder gesund sind, oder?"

„Auch Sie sind sicherlich der Meinung, dass wir mehr für die Verbrechensbekämpfung tun müssen?"

Die gewünschte Antwort hier ist ein „Ja", und dieses Ja wird ein Agent bei dieser Art der Fragestellung mit hoher Wahrscheinlichkeit auch erhalten. Mit solchen Suggestivfragen baut er eine so genannte Ja-Schiene auf. Die Ja-Schiene wirkt auf subtile Weise, weil mit ihr das Unterbewusstsein getäuscht wird. Hat der Kunde bereits zwei- bis dreimal „Ja" gesagt, wird er bei der folgenden Frage unwillkürlich – gegen seine Überzeugung – auch „Ja" sagen. Sein Unterbewusstsein wurde durch den Agenten auf das Wort „Ja" programmiert. Deswegen auch der Ausdruck „Schiene": Der Kunde kommt als Unerfahrener nicht mehr von diesem vorgegebenen Gleis herunter.

Anspruchsvollere Käufer und faire Verkäufer

Wie gesagt, vor Jahren noch vielfach gepriesene Verkaufstechniken wie die „Ja-Straße" sind inzwischen out. Die Käufer/innen sind anspruchsvoller geworden und sich ihrer Rechte bewusster. Kundenorientierung steht dabei im Vordergrund. Es zählt nicht nur die Quantität, sondern immer mehr auch die Qualität. Der Aufbau einer guten Beziehung ist eine der Voraussetzungen für den Kaufabschluss. Ein guter Verkäufer/eine gute Verkäuferin ist in der Lage, den Verkaufsprozess aus der Sicht des Kunden und aus der eigenen Position heraus zu betrachten.

Ich verstehe unter dieser Haltung den **fairen Verkauf**. Die Aufgabe der Agenten ist es, dem Interessenten das Angebot so schmackhaft wie möglich zu machen, das Produkt/die Dienstleitung positiv anhand des Nutzens zu präsentieren. Der Kunde trifft die Entscheidung, da er den Profit für sich entdeckt hat.

Definition: Fairer Verkauf
- Der Verkaufsprozess wird aus dem Blickwinkel des Kunden und aus der eigenen Position gesehen.
- Das Produkt wird im besten Licht präsentiert, und der Kunde entscheidet!
- Es herrscht persönliche Kongruenz (Stimmigkeit). → Kongruenz ist ein Kind der Ehrlichkeit!
- Der Verkäufer hat die Chance, das „Verkaufen" für sich selbst positiv zu formulieren!

Gute Verkäufer/innen:
- stehen hinter ihrem Produkt.
- kennen sich auf dem Markt aus.
- gehen partnerschaftlich mit ihren Kunden um.
- zeigen Interesse und Engagement.
- bieten sehr guten Service.
- übernehmen Verantwortung
- führen aktiv das Gespräch.
- treffen klare Aussagen.
- stellen gezielte Fragen.
- erklären den Kunden den Nutzen ihres Produktes.
- möchten ihr Produkt verkaufen.

(in Anlehnung an: R. Krumm/C. Geissler: Outbound-Praxis, Wiesbaden, 2. Auflage 2005)

Im Inbound ist es wichtig, den Kunden dort abzuholen, wo er sich gerade befindet, und ihm Angebote zu unterbreiten, die zu seiner aktuellen Lebenssituation passen. Der Agent braucht dafür eine hohe Qualifizierung und Sensibilität für die jeweilige Kundensituation. Ein Freiraum zur Entscheidung trägt sicher dazu bei, dass die Angebote gezielt platziert werden. Grundvoraussetzung dafür ist natürlich ein gut gepflegtes, analytisches CRM-System, das dem Agent genaue Auskunft über das bisherige Konsumverhalten des Kunden und seine Verhaltens- und Bedarfsmuster gibt.

Mehrwert für den Kunden

Idealerweise entsteht durch Zusatzkäufe eine Wertsteigerung für den Kunden und somit ein Umsatzwachstumspotenzial für den Verkäufer. Ein Konzept dafür ist das „Value Based Selling" (VBS). Für den Kunden geht es darum, maximale Wettbewerbsvorteile und Wertsteigerungsbeiträge zu erzielen. Er ist in der Lage, sich durch den Zusatzkauf selbst besser zu positionieren, und profitiert somit davon. Für das Unternehmen bedeutet es ebenso eine Wertsteigerung und erhöhte Kundenbindung.

Nach Marco Schmäh, Professor für Marketing und E-Commerce an der ESB Reutlingen, steht hier der Wert des Kunden für den Anbieter im Vordergrund. Dieser wird geprägt durch Potenziale eines Kunden wie Ertrags-, Wachstums- oder Referenzpotenzial. Der Kunde selber bringt monetäre und nicht-monetäre Leistungen in die Geschäftsbeziehung ein, so dass wir hier von „Value from the Customer" sprechen. „Value Based Selling" ist somit geprägt von Verhandlungsprozessen und aufrichtigem Interesse am Kundenbedürfnis. Nur so lassen sich langfristige Erfolge implementieren.

Fazit
Der faire Verkauf wird in Zukunft die Grundlage für jegliche Art des Teledales sein. Das Wissen über Kundenbedürfnisse und den Nutzen des Produktes/der Dienstleistung ist unabdingbar für einen nachhaltigen Verkaufserfolg.

4. Intern oder extern – Synergien durch optimale Abstimmung

Intern oder extern, Outbound oder Inbound – Call-Center können auf verschiedene Art und Weise organisiert sein. Betrachten wir einmal die unterschiedlichen Formen im Hinblick darauf, wie sie sich für die Umsetzung von Zusatzverkäufen eignen.

Outbound-Call-Center

Die klassische Organisationsform ist das Outbound-Call-Center, meist betrieben von einem Dienstleister. Der Dienstleister bedient in der Regel mehrere Auftraggeber und ist oft auf Branchen spezialisiert. Die Mitarbeiter/innen im Outbound-Call-Center werden gezielt für den Verkauf rekrutiert und trainiert.

Der Vorteil:
Die Mitarbeiter/innen sind gut geschult und verkaufsaffin. Der Dienstleister kennt alle Höhen und Tiefen im Outbound-Geschäft.

Der Nachteil:
Die Mitarbeiter/innen telefonieren nicht immer exklusiv für ein Projekt und werden oft schnell ausgewechselt. Der Dienstleister steht zusätzlich unter Verkaufsdruck, und die Margen werden immer geringer. Der Verkaufsdruck wird oft an die Agenten direkt weitergegeben, so dass diese in den Kundengesprächen ebenfalls den Druck erhöhen, nur um zu verkaufen.

Inbound-Call-Center

Die Inbound-Call-Center sind spezialisiert auf Service, Support und Beratung. Die Mitarbeiter/innen sind eher serviceorientiert und gute „Supporter". Da seit mehreren Jahren der Zusatzverkauf im Inbound Einzug gehalten hat, haben sich viele Inbound-Dienstleister inzwischen darauf eingestellt. Dies betrifft insbesondere technische Hotlines. Bei den Bestellhotlines wie zum Beispiel für den Versandhandel ist der Zusatzverkauf schon länger selbstverständlich.

Der Vorteil:
Die Mitarbeiter/innen bringen ein großes Supportwissen und hohes Serviceverständnis mit. Viele haben zusätzlich schon Verkaufschancen beim Kunden gesehen.

Der Nachteil:
Die Hilfe steht im Vordergrund und der Agent scheut sich, Verkaufsangebote zu platzieren. Auch hier kann es sein, dass der Agent nicht exklusiv für einen Auftraggeber telefoniert.

Out- und Inbound-Call-Center

Einige Dienstleister bieten ihren Kunden die Mischform an und haben in der Regel getrennte Out- und Inbound-Bereiche. Die Mitarbeiter/innen telefonieren jeweils nur in einem Bereich.

Der Vorteil:
Breite Kampagnen können durch die verschiedenen Bereiche abgedeckt werden, das heißt, hier entsteht ein hoher Synergie-Effekt für den Auftraggeber.

Inhouse-Call-Center

Fast 50 Prozent aller Call-Center sind Inhouse-Call-Center. Viele nennen sich nicht Call-Center, sondern zum Beispiel Kundenservice, Customer Care Center, Vertriebsinnendienst. Die Tätigkeiten sind oftmals deckungsgleich.

Hier gibt es vielfältige Formen der Verkaufsabwicklungen:

- Das Inhouse-Call-Center macht alles: In- wie Outbound und ist in unterschiedliche Teams aufgeteilt.
- Das Inhouse-Call-Center macht alles: In- wie Outbound und hat zusätzlich einen externen Dienstleister beauftragt (zum Beispiel als Spiegel für die eigenen Aktivitäten).
- Im Inhouse-Call-Center werden der Support und die Beratung abgewickelt, das externe Call-Center übernimmt die Outbound-Aktivitäten.
- Das externe Call-Center qualifiziert die Kunden, macht erste Angebote, das Inhouse-Call-Center fasst nach und generiert den Abschluss.
- Das Inhouse-Call-Center qualifiziert die Kontakte vor, und der Vertrieb fasst nach.

Die Varianten lassen sich beliebig ergänzen. Hier ist es wichtig, vorab zu klären:

- Welches Ziel soll mit welchen Mitteln erreicht werden?
- Wie ist die hausinterne Zusammenarbeit zwischen Vertrieb, Marketing und Call-Center?

Erst daraus lässt sich die passende Strategie entwickeln.

> *Beispiel:*
> Ein Unternehmen aus der Telekommunikationsbranche hatte im Inhouse-Customer-Care-Center den Bereich Auftragsmanagement und den Support installiert. Zusätzlich existierte eine Info-Line. Mit wachsendem Kundenstamm wurde diese Info-Line an einen externen Dienstleister ausgelagert. Zuerst wurden an der Info-Line hauptsächlich Beratungsgespräche geführt. Auf Anfragen der Kunden hin sah der Dienstleister hier Verkaufspotenzial. Die Agents wurden in Zusammenarbeit mit dem Unternehmen und dem Dienstleister von einem externen Trainer auf den Verkauf geschult. Der Erfolg war schnell zu sehen: An der Info-Line wurden neue Verträge abgeschlossen.

Parallel dazu startete das Marketing des Unternehmens eine Outbound-Kampagne. Aufgrund einer Mailing-Aktion wurden diverse Interessenten angeschrieben und von einem speziell geschulten Dienstleister nachgefasst. Diese Aktion wurde mit dem Inhouse-Customer-Care-Center eng abgestimmt, da auch eine Response für die Info-Line zu erwarten war.

Fazit
Durch die enge Abstimmung zwischen den verschiedenen internen Abteilungen und externen Dienstleistern können hohe Synergieeffekte erreicht werden.

5. Vom strategischen Konzept bis zur Umsetzung: Praxisbeispiele

In diesem Kapitel werden verschiedene, bereits durchgeführte Projekte beschrieben. Sie erfahren, wie die Ausgangssituation jeweils war, wie die Umsetzung erfolgte und welche Punkte gut und welche schlecht verlaufen sind. Zum Schluss gibt es jeweils Tipps zur Umsetzung. Die Projekte zeigen im Einzelnen auf, wie wichtig die strategische Planung ist. Nur ein Training zum Thema Zusatzverkäufe durchzuführen reicht nicht, um das Thema Up- und Cross-Selling zu implementieren.

Beispiel: Bankhaus

> *Ausgangssituation*
> Die Direktbank eines Bankhauses möchte, dass ihre Broker im telefonischen Handel noch aktiver werden. Ziel ist es, mehr Abschlüsse zu generieren und damit noch mehr Kundenbegeisterung zu erreichen. Für eine genaue Analyse der Ist-Situation werden vorab Mystery Calls, also verdeckte Testanrufe, durchgeführt. Hierbei werden verschiedene Szenarien mit den Mitarbeiter/innen durchgespielt. Parallel dazu findet eine Ist-Analyse direkt vor Ort statt. Die Test-Calls ergeben, dass die Broker bereits sehr freundlich und kompetent sind. Im Vergleich zu anderen Direktbanken sind sie auf einem sehr hohen Niveau. Im Bereich der aktiven Gesprächsführung gibt es allerdings Handlungsbedarf. Hier kristallisiert sich heraus, dass die Mitarbeiter/innen Defizite in der aktiven Gesprächsführung haben. Fragetechniken zur Bedarfsermittlung werden ebenso selten eingesetzt wie passende Abschlusstechniken.

Den Verantwortlichen ist es sehr wichtig, dass kein aggressiver und direkter Verkaufsstil trainiert wird. Dieses Kundenklientel reagiert darauf eher negativ. Der Ansatz des fairen Verkaufs begeistert die Bank, und das Konzept selbst steht unter dem Titel: „Aktive Kundenbetreuung".

So haben wir es umgesetzt ...
Das Konzept wird gemeinsam mit dem zuständigen Abteilungsleiter und dem Teamleiter erarbeitet und abgestimmt. Die direkte Kundenbetreuung der Direktbank wird ebenso in das Konzept integriert, da die Mitarbeiter/innen dort auch telefonische Kontakte haben. Bei der Konzeptabstimmung wird auch darauf hingewiesen, dass bereits mehrere Verkaufstrainings durchgeführt wurden. Es wird darum gebeten, darauf aufzusetzen beziehungsweise die Inhalte zu ergänzen.

Folgende Module werden durchgeführt:

- Training aller Mitarbeiter/innen des telefonischen Handels und auch der direkten Kundenbetreuung,
- Ausbildung der beiden Teamleitungen zu Inhouse-Coaches,
- Begleitung der Inhouse-Coaches beim Coaching on the job,
- regelmäßige Mystery Calls zur Überprüfung der Nachhaltigkeit.

Training:
Alle Mitarbeiter/innen des telefonischen Handels werden an einem Tagestraining in der aktiven Kundenbetreuung geschult. Schwerpunkte des Trainings sind das Einüben der aktiven Gesprächsführung sowie der gezielte Einsatz von Fragetechniken und passenden Abschlusstechniken.

Ausbildung der Coaches:
In der Ausbildung der Teamleitungen wird besonderer Wert auf die Unterstützung der Mitarbeiter/innen gelegt. Hierzu wird genau überlegt, auf welche Weise und in welchen Abständen gecoacht werden soll. Den Führungskräften ist dabei der unterstüt-

zende und wertschätzende Ansatz besonders wichtig. Zusammen mit der Trainerin wird der Coachingbogen entwickelt und mit dem Abteilungsleiter abgeglichen.

Integration der Mitarbeiter/innen:
Das Coachingkonzept ist eingebettet in das Ziel, die Kundenbegeisterung zu erhöhen. Dieses Ziel wird in den Teambesprechungen zusammen mit dem Coachingkonzept allen vorgestellt.

Das ist gut gelaufen ...
Im Training wird das Ergebnis der Mystery Calls präsentiert. Die Ergebnisse sind in fast allen Bereichen sehr positiv und zeigen an konkreten Punkten den potenziellen Verbesserungsbedarf. Die Teilnehmer/innen nehmen das gut auf und können sich so noch besser auf die Trainingsinhalte einlassen. Besonders hervorzuheben ist, dass das Gesamtkonzept integrativ aufgebaut ist und vom Management mitgetragen wird.

Typische Stolpersteine waren ...
Die Einstellung einiger Mitarbeiter/innen: „das mache ich doch schon so...". Und die Angst davor, mit der noch aktiveren Kundenbetreuung „aufdringlich" zu wirken.

Tipps aus der Praxis
Die Kombination aus einer Bestandsanalyse durch Mystery Calls und der Integration der Ergebnisse in das Trainingskonzept halte ich für absolut gewinnbringend.

Beispiel: Projekt aus dem öffentlichen Verkehr, Pilotprojekte

Ausgangssituation
Ein großes Unternehmen im Bereich der Verkehrslogistik möchte seine Inbound-Call-Center umwandeln in Profit-Center. Die Mitarbeiter/innen an den verschiedenen Standorten sollen nacheinander ein Inbound-Sales-Training erhalten. Vorab wird dafür

eine Pilotgruppe an einem Standort definiert. Das Besondere des Konzeptes ist das Thema Nachhaltigkeit. Das Gesamtkonzept sieht vor, nach einer Feldanalyse die Teamleitungen zu schulen und dann erst die Agenten. Parallel dazu werden die Inhouse-Trainer ebenfalls qualifiziert. Nach der Schulung der Agenten werden die Teamleitungen beim Coaching on the job begleitet.

Folgende Schritte sieht das Gesamtkonzept vor:
- Feldanalyse vor Ort und Feinabstimmung mit der Trainingsabteilung,
- Kick-off durch das Management,
- Training der Teamleitungen mit dem Schwerpunkt Transfer,
- Training der Pilotgruppen,
- Begleitung der Teamleitung beim Coaching on the job,
- Projektauswertung.

Bei der Abstimmung des Gesamtkonzepts mit dem Management wurde vorab darauf hingewiesen, wie wichtig die Unterstützung und Begleitung durch die Führungskräfte ist. Hierauf wurde bei der Durchführung des Projektes viel Wert gelegt.

So haben wir es umgesetzt ...
Zu Beginn wurden die Trainingsinhalte mit der internen Trainingsabteilung abgestimmt und auf die genauen Belange des Unternehmens zugeschnitten. In der Vergangenheit hatte es bereits Verkaufstrainings gegeben, so dass besonders wichtig war, eine Mischung aus Bekanntem und Neuem zu trainieren. Das Konzept des fairen nachhaltigen Verkaufs wurde positiv aufgenommen. An das Gesamtkonzept wurden hohe Erwartungen geknüpft, da in der Vergangenheit die Nachhaltigkeit nicht gewährleistet werden konnte.

Training der Teamleitungen:
Die Teamleitungen erlebten im Trainingsdurchlauf dasselbe Konzept wie ihre Mitarbeiter/innen. Hier waren insbesondere die neuen Techniken wie die Drei-Schritte-Technik und die Kundentypanalyse wichtig. Des Weiteren war der direkte Transfer auf die Begleitung der Mitarbeiter/innen Thema des Trainings.

Fragen der Teamleitungen und die genaue Umsetzung nach den Schulungseinheiten wurden direkt im Training geklärt.

Training der Pilotgruppe:
Im Tagestraining wurde insbesondere auf den Nutzen von Sales für das Unternehmen, die Mitarbeiter/innen und den Kunden eingegangen. Weitere Schwerpunkte waren die Kaufmotive der Kunden und die dazu passenden Nutzenargumente. Das Ganze wurde in kurze effektive Techniken wie die Drei-Schritte-Technik und die Kundentypanalyse eingebettet. Jede Trainingsgruppe entwickelte eigene Formulierungen zur Präsentation ihres Angebotes für den jeweiligen Kunden.

Das ist gut gelaufen ...
Das Unternehmen hat sich durch das neue Konzept beziehungsweise durch die neue Herangehensweise dazu bereit erklärt, den vorher eng gesteckten Gesprächsleitfaden zu modifizieren. Nur so ist es möglich, dass die Agenten ihr neu erlerntes Wissen gleich umsetzen können. Weiterhin hat sich die Abstimmung mit der internen Trainingsabteilung als sehr positiv erwiesen, da in jedem Training jeweils ein Trainer/eine Trainerin anwesend war und das Training begleitet hat. So konnte der Wissenstransfer auch innerhalb der Personalentwicklung gewährleistet werden.

Das ist weniger gut gelaufen ...
Am ersten Pilotstandort waren die Führungskräfte vor dem Teamleitungstraining zu wenig involviert worden. Die Intention des gesamten Projektes war somit nicht allen klar. Der Grund war sehr simpel: Die Leitung des Standortes hatte in der Zwischenzeit das Unternehmen verlassen. Dadurch war im Training der Transfer mit vielen Fragezeichen für die Teamleitungen besetzt. Dies war für die Trainer/innen nicht verständlich und konnte erst im Nachhinein geklärt werden. Ergebnis aus dieser Erfahrung war, dass das Management beim nächsten Standort die Teamleitungen offensiver informierte. Weiterhin wurde das Trainingskonzept modifiziert und der nachhaltige Transfer rückte noch stärker in den Fokus des Trainings. Im Training für die Mitarbei-

ter/innen wurden das aktive Formulieren und Ausprobieren in kleinen Rollenspielen mehr in den Mittelpunkt gestellt.

Typische Stolpersteine waren ...
Die Mitarbeiter/innen waren jahrelang gewohnt, nach einem streng vorgegebenen Leitfaden zu telefonieren. Es war zu Beginn des Projektes schwer zu vermitteln, dass sie jetzt mehr variieren durften. Diese Vermittlung konnte auch nicht durch das externe Trainingsunternehmen geschehen, sondern musste durch das Management erfolgen. Die neue Flexibilität löste bei einigen Agenten Angst vor den möglichen, noch unbekannten Reaktionen der Kunden aus. Weiterhin gab es im Unternehmen einige Mitarbeiter/innen, die in den Call-Center-Bereich übernommen wurden und für sich nun keine Notwendigkeit sahen, jetzt mehr zu verkaufen. Ihr Arbeitsplatz ist ja sicher – der Mind-Change war noch nicht in allen Bereichen vollzogen worden.

Tipps aus der Praxis
Im Vorfeld ist es sinnvoll abzuklären, inwiefern zum Beispiel der vorhandene Gesprächsleitfaden überhaupt modifiziert werden kann. Das ist notwendig, damit im Training darauf abgestimmt Wissen vermittelt werden kann. Der Transfer für die Begleitung der Agenten durch die Teamleitungen sollte von Anfang an im Mittelpunkt der Maßnahmen stehen, denn nur so wird der Erfolg gewährleistet.

Beispiel: Dienstleister mit dem Projekt Versandhandel, Bestellhotline

Ausgangssituation
Ein Dienstleister telefoniert für einen bekannten Versandhandel und nimmt die Bestellungen an. Das übliche Bestellprozedere wird begleitet von so genannten Angeboten des Monats. Das Angebot wird in der Regel am Ende des Bestellprozesses präsentiert und wechselt mehrfach im Monat. Die Produkte sind wechselnd attraktiv. Der Auftraggeber möchte seine Verkaufs-

quoten steigern und erwartet vom Dienstleister geeignete Maßnahmen dazu. Die interne Trainingsabteilung ist nicht auf Sales spezialisiert, und so wird ein externes Unternehmen beauftragt, Sales-Trainings für alle Mitarbeiter/innen durchzuführen.

So haben wir es umgesetzt ...
Es wurde ein Tagestraining für alle Agenten angesetzt. Da vorher deutlich wurde, dass die Agenten Schwierigkeiten mit den angebotenen Zusatzprodukten hatten, wurde im Training bewusst mit ungewöhnlichen Produkten gearbeitet. Ziel war es, die Hemmschwelle abzubauen, den Nutzen für scheinbar nicht attraktive Produkte zu erkennen und dem Kunden die Entscheidung zu überlassen. Alleine durch die Präsentation der ausgefallenen Produkte gewann das Training viel an Humor und Spaß. Den Mitarbeiter/innen wurde deutlich, dass fast jedes Produkt einen Nutzen für einen Kunden hat.

Eine kleine Anekdote am Rande
Kurz vor Weihnachten war das Zusatzangebot ein Plastikweihnachtskranz. Diesen Kranz hatten nur wenige wirklich gesehen (er lag im Schaukasten), aber alle wussten, wie „hässlich" er angeblich war. Im Training kam wieder das Gespräch auf diesen Kranz. Schnell entschlossen holte ich ihn aus dem Schaukasten. Interessanterweise war er nur halb so „hässlich", wie alle angenommen hatten. Eine Schnellabfrage ergab, dass einige Trainingsteilnehmer ihn sogar gekauft hätten. Spannend war, dass vorher eine Meinung über die Zusatzangebote im Unternehmen kolportiert wurde, die von den meisten als gegeben angenommen wurde.

Das ist gut gelaufen ...
Das Einbinden der potenziellen Zusatzangebote in das Training war notwendig und hat sofort den gewünschten Effekt gebracht. Wichtig war hier, den Agenten den nutzenorientierten

Verkauf zu vermitteln und die Entscheidung beim Kunden zu belassen.

Die Verkaufsquoten sind nach den Trainingseinheiten von 15 Prozent auf knapp 30 Prozent gestiegen.

Das ist weniger gut gelaufen ...
Die Einbindung der Trainingsabteilung war zu Beginn nicht gegeben, so dass die Inhouse-Trainer das Projekt nicht sofort effektiv begleiten konnten. Die Gefahr bestand, dass das externe Trainingsunternehmen eher als Konkurrenz gesehen wurde.

Typische Stolpersteine waren ...
Die Mitarbeiter/innen wurden als klassische Inbound-Agents rekrutiert, verkäuferische Fähigkeiten wurden nicht von ihnen erwartet, so dass vielen der Schritt in das verkaufsaktive Telefonieren schwerfiel. Die Produkte wurden bei den Produktschulungen nicht bereits wertschätzend präsentiert, so dass wenig Interesse bestand, diese dem Kunden anzubieten.

Tipps aus der Praxis
Wichtig ist von vornherein die Einbindung der internen Trainingsabteilung, um eine Verwirrung bei den Agenten zu vermeiden und für eine nachhaltige Umsetzung zu garantieren.

Beispiel: Vertriebsinnendienst im Tagesverkauf, Frischehandel

Ausgangssituation
Ein Lebensmittelgroßhändler möchte die Verkaufsquoten seiner Mitarbeiter/innen im Innendienst durch Zusatzangebote verbessern. Täglich wird bei allen Kunden (Lebensmittelläden/andere Großhändler) eine telefonische Bestellabfrage durchgeführt. Die Gesprächspartner kennen sich dadurch zum Teil schon, und der Bestellablauf ähnelt sich. Es liegt nahe, zu den jeweils bestellten Produkten Ergänzungen anzubieten. Zum Beispiel passen

zu einem Salatsortiment verschiedene Saucen. Bislang wurden die ergänzenden Angebote nicht aktiv präsentiert. Hierzu sollen, nach vorheriger Feldanalyse, ein Training und Coaching on the job stattfinden.

So haben wir es umgesetzt ...
Die Feldanalyse zeigte, dass nur wenig Zeit blieb, um ein Zusatzangebot zu platzieren. Es war deshalb sinnvoll, sich vorher passende Produkte herauszusuchen und für diese Formulierungen vorzubereiten. Für das Training wurden gezielt Angebote herausgesucht, die dann im Training bearbeitet wurden. Im nachfolgenden Coaching on the job wurde dann die direkte Umsetzung eingeübt.

Das ist gut gelaufen ...
Nach den ersten ängstlichen Versuchen entdeckten die Mitarbeiterinnen die Freude an der Umsetzung. Erstaunt waren sie vor allem darüber, wie leicht die Angebotspräsentation ablief.

Das ist weniger gut gelaufen ...
Der Vertriebsinnendienst befand sich in einem Teil des Werkes, der gerade von einer Werksschließung betroffen war. Es betraf zwar nicht den Innendienst, trotzdem waren die Ängste der Mitarbeiter/innen deutlich zu spüren: „Wir müssen ja jetzt mehr verkaufen, damit uns nicht gekündigt wird." Das Thema wurde nicht offen angesprochen und schwebte als „geheimes" Thema über dem gesamten Konzept.

Typische Stolpersteine waren ...
Die Angst der Mitarbeiter/innen, der Kunde könnte sich durch ihr Angebot möglicherweise belästigt fühlen.

Tipps aus der Praxis
- In diesem Fall beeinträchtigte das Drumherum das Training. Wenn so etwas Thema im Unternehmen ist, empfehle ich eine offene Ansprache im Training.

Beispiel: Softwarehandel

Ausgangssituation
Ein mittelständisches Softwareunternehmen möchte ein Gesamtkonzept zur Implementierung von Up-Selling im technischen Support und im Service. Das Konzept beinhaltet die komplette Durchführung aller Trainingsinhalte von Kommunikation bis hin zum Inbound-Sales, zusätzlich wird ein Coachingbogen inklusive Kennzahlensystem entwickelt. Die Verkaufserfolge der Mitarbeiter/innen sollen somit messbar sein. Um die erfolgreiche Umsetzung der Trainingsinhalte auch weiter zu gewährleisten, werden zusätzlich Inhouse-Coaches ausgebildet.

Da die Implementierung sich als ein sehr umfassendes Thema erwies, war die enge Zusammenarbeit mit der Call-Center-Leitung, dem Personalbereich, der Administration und der Geschäftsführung notwendig.

Vor dem Einsatz des externen Unternehmens wurde bereits mit zwei anderen Trainingsunternehmen zusammengearbeitet. Diese hatten das Thema Sales noch nicht berücksichtigen können, da es zu dem Zeitpunkt noch nicht gefordert wurde.

Zusätzlich wurde erwartet, dass die Schulungen möglichst an Samstagen stattfinden sollten, da sonst der normale Betrieb nicht aufrechterhalten werden konnte.

So haben wir es umgesetzt ...
1. Ganztägige Schulung aller Mitarbeiter/innen, die schon länger im Unternehmen waren und bereits ein Kommunikationstraining durchlaufen hatten. Das Thema war hier Inbound-Sales.
2. Kommunikationstraining für alle neuen Mitarbeiter/innen plus einer halbtägigen Verkaufsschulung.
3. Regelmäßiges Coaching on the job für alle Mitarbeiter/innen.
4. Auffrischungstrainings für alle Agenten.

Damit die Trainingsinhalte nachhaltig umgesetzt wurden, entwickelte das externe Trainingsunternehmen nach einem Jahr

einen geeigneten Coachingbogen. Hier konnten die wichtigsten Erkenntnisse einfließen. Weiterhin wurde das vorhandene Kennzahlensystem mit den Themen Kommunikation und Sales ergänzt. Zusätzlich flossen zur Bewertung der Agenten die Verkaufszahlen in das Bewertungssystem ein.
Da die Anzahl der Mitarbeiter/innen weiter gestiegen war, wurden noch zusätzliche Inhouse-Coaches ausgebildet. Das Coaching konnte so in regelmäßigen Abständen (vierteljährlich) durchgeführt werden.

Das ist gut gelaufen ...
Da die Gesamtausbildung der Agenten in einer Hand lag, konnte ein Qualitätsstandard gesichert werden. Jedes Training konnte nun darauf aufbauend durchgeführt werden. Sehr positiv war ebenfalls die Entwicklung eines Coachingbogens, der nun auch als Grundstruktur für viele andere Unternehmen genutzt wird. Es war nun möglich, das kommunikative und verkäuferische Verhalten jedes Agenten zu messen, seine Entwicklung zu betrachten und Vergleiche anzustellen.

Das ist weniger gut gelaufen ...
Die Parameter zur Erreichung der Verkaufsquote wurden im Laufe eines Jahres mehrfach verändert, so dass keine wirkliche Vergleichbarkeit gewährleistet war. Dies hatte auch die Verunsicherung der Agenten zur Folge. Zusätzlich war unklar, ob nun die Call-Abnahme oder der Verkauf Vorrang hatte – ein typisches Phänomen im Inbound-Bereich.

Typische Stolpersteine waren ...
Im technischen Support waren die meisten Mitarbeiter/innen nicht im Hinblick auf Verkauf eingestellt worden. Daher war hier ein Umdenken notwendig, das nur mit Unterstützung der Führungskräfte geschehen konnte. In diesem Falle fehlte leider die Unterstützung aller Führungskräfte, und separate Trainings nur mit den Teamleitungen waren von der Geschäftsführung nicht gewünscht. In Zeiten hoher Call-Volumina gab es keine einheitli-

! che Marschrichtung, so dass viele Agenten sich an Altbewährtes hielten.

! *Tipps aus der Praxis*
■ Eine Einbindung der direkten Führungskräfte ist notwendig, um das Gesamtkonzept langfristig und nachhaltig durchzusetzen. Call-Volumen versus Verkauf – hier ist es wichtig, dass das Management dazu eine Entscheidung trifft.

Bericht eines Agenten zum Einsatz von Up- und Cross-Selling

Franklin Flores Arce

Als ich damals in der technischen Hotline eines Softwareunternehmens als Agent angefangen habe, waren meine Vorbehalte gegen Up- und Cross-Selling sehr groß. Durch meine jahrelange Erfahrung in der Gastronomie war ich den direkten Umgang mit Kunden gewöhnt, und der Verkauf von Angesicht zu Angesicht war mir vertraut. Ich konnte mir nicht vorstellen, Kunden per Telefon Produkte anzubieten geschweige denn zu verkaufen. Grund dafür waren schlechte Erfahrungen, die ich selbst als Kunde gemacht habe.

Meine ersten Versuche waren sehr holperig, und ich fühlte mich nicht sehr wohl bei den Gesprächen. Verkaufserfolge konnte ich keine melden. Genügend Unterstützung seitens der Geschäftsleitung und meiner Teamleitung gab es zu meinem Bedauern nicht.

Erst ein Verkaufstraining gab mir einen guten und vernünftigen Einstieg in das Thema Up- und Cross-Selling. Hier bekam ich sehr viele hilfreiche Anregungen und Beispiele, die ich umgehend in die Praxis umgesetzt habe. Zudem wurde ein Leitfaden im Intranet erstellt, der zum Beispiel Nutzenargumente und Fragestellungen enthielt, so dass ich jederzeit darauf zurückgreifen konnte.

Mit diesen Hilfsmitteln gelang es mir, erste Erfolge zu erzielen, die dazu führten, dass ich meine anfänglichen Vorbehalte ablegte. Mit den entsprechenden Trainings und Hilfsmitteln begann ich, eigene Strategien zu entwickeln, und Up- und Cross-Selling machte mir mit der Zeit sogar Spaß.

Beispiel: Bildagentur

Ausgangssituation
Eine der größten weltweit operierenden Bildagenturen möchte für den deutschsprachigen Bereich ein speziell auf dieses Klientel ausgerichtetes Verkaufstraining. Die Mitarbeiter/innen werden täglich von Kunden und Interessenten zu Bildanfragen angerufen. Daraufhin werden Angebote erstellt, und der Kunde entscheidet sich dann. Das Training soll die Verkaufsabschlüsse erhöhen und die Mitarbeiter/innen motivieren, mehr Angebote zu platzieren und aktiv das Gespräch zu führen.

Unternehmensweit gibt es Schulungssequenzen, die vereinheitlicht sind. Diese Sequenzen sind die Grundlage für das Verkaufstraining. Es werden alle Bereiche des Vertriebsinnendienstes geschult, es wird zusätzlich ein kleines Outboundteam etabliert. Außerdem werden die Teamleitungen zu Sales-Coaches ausgebildet.

So haben wir es umgesetzt ...
Es wurde ein Zweitages-Training mit dem Schwerpunkt Kommunikation und Verkauf durchgeführt. Wichtig war vor allem, die negative Einstellung zum aktiven Verkauf zu verändern. Im Training wurde viel Wert darauf gelegt, die Vorteile und den Nutzen von Verkauf am Telefon zu vermitteln. Spannend waren vor allem die Nutzenorientierung und die Anwendung auf die potenziellen Kundentypen. Hierbei wurden konkrete Formulierungen entwickelt, die sofort danach umgesetzt wurden.

Das ist gut gelaufen ...
Jedes Training wurde von der jeweiligen Teamleitung begleitet, die Teamleiter waren wiederum alle im Coach-the-Coach-Trai-

ning. So konnte die bestmögliche Umsetzung nach dem Training gewährleistet werden. Die Mitarbeiter/innen haben dies ebenfalls sehr positiv aufgenommen, und teilweise wurden direkt im Training Kampagnen geplant.

Das ist weniger gut gelaufen ...
Aufgrund von ständigen Umstrukturierungsmaßnahmen war die nachhaltige Umsetzung nicht immer gewährleistet.

Typische Stolpersteine waren ...
Die meisten Mitarbeiter/innen sahen sich eher als Kundenberater/innen. Obwohl sie bereits verkauft hatten, fehlte dieser aktive Schritt in ihrer eigenen Wahrnehmung.

Durch den Kauf einer anderen Firma waren in dem Team zwei verschiedene Sorten von Mitarbeiter/innen. Diese waren unterschiedlich gut zu bewegen, und die neue Herangehensweise (Zusatzverkäufe/Outbound) kam eher aus dem Unternehmensbereich heraus, der aufgekauft hatte. Das war in den Trainingseinheiten auch zu erkennen.

Tipps aus der Praxis
Die direkte Nachhaltigkeit soll direkt durch die Führungskraft unterstützt werden. Es ist wichtig, dass die Teamleitungen hinter dem Trainingskonzept stehen und es auch kennen. Das war in diesem Projekt sehr hilfreich.

Beispiel: Industrieunternehmen

Ausgangssituation
Ein mittelständisches Industrieunternehmen im Bereich der Bewegungstechnik möchte für den Vertriebsinnendienst Cross-Selling einführen. Hier geht es vor allem um eine Produktgruppe, die zusätzlich bei fast jedem Kunden angeboten werden kann, und zudem soll ein Präsentationstermin für eine hochwertige Industriemaschine vereinbart werden.

Das Thema Zusatzverkäufe ist für die Mitarbeiter/innen sehr ungewohnt und eher mit Vorurteilen besetzt. Vorher wurde bereits ein Kommunikationstraining durchgeführt, so dass auf diesen Grundlagen aufgebaut wurde.

So haben wir es umgesetzt ...
Im Training selbst wurden konkrete Kundengespräche durchgesprochen und es wurde überlegt, wann der günstigste Zeitpunkt ist, das jeweilige Angebot zu platzieren. Hierbei wurde insbesondere berücksichtigt, dass die Kunden in der Regel bereits bekannt waren und die Präsentation des Zusatzangebotes nun eine völlig neue Situation für den Kunden war.

Das ist gut gelaufen ...
Sehr positiv war die Bereitschaft der Mitarbeiter/innen, die besprochenen Techniken direkt umzusetzen. Selbst im Bereich der Terminierung für die hochpreisige Industriemaschine (50 000 €) verloren sie die Scheu und platzierten sogar erste Termine!

Das ist weniger gut gelaufen ...
Das geplante Einzelcoaching hat nicht stattgefunden, so dass die Nachhaltigkeit nicht gesichert werden konnte.

Typische Stolpersteine waren ...
Die Mitarbeiter/innen kannten ihren Kunden sehr gut und hatten dadurch eine größere Scheu, Angebote zu platzieren beziehungsweise Terminvorschläge zu machen.

Beispiel: Versicherungsunternehmen

Ausgangssituation
Ein Versicherungsunternehmen arbeitet als Assistance für verschiedene Auftraggeber. Die Agenten nehmen Anrufe von Kunden an, deren Auto zum Beispiel eine Panne hat und Hilfe benötigt. Die Auftraggeber möchten gerne, dass der Agent

dem Anrufer eine Partnerwerkstatt anbietet. Bislang konnte der Kunde frei wählen. Die Partnerwerkstätten unterliegen bestimmten Qualitätskriterien und sind ein attraktives Angebot für den Kunden. Es wurden bereits einzelne Teams im Verkauf geschult, und die Wandlungsquoten sind danach gestiegen. Mit der neuen Schulungswelle erhofft sich das Versicherungsunternehmen einen weiteren Anstieg der Verkaufsquoten.

So haben wir es umgesetzt ...
Im Verkaufstraining wurde insbesondere auf die Einstellung der Agenten zum Verkauf eingegangen. Anhand der Dienstleistung haben die Teilnehmer/innen den Nutzen und die Vorteile aufbereitet und Formulierungen direkt für das Telefon entwickelt. Besonderen Spaß hatten alle an der Anwendung auf konkrete Kundentypen.

Das ist gut gelaufen...
Die Verkaufsquoten sind direkt nach dem Training gestiegen, und so konnte ein messbarer Erfolg verzeichnet werden.

Das ist weniger gut gelaufen ...
Die Nachhaltigkeit konnte nicht komplett gewährleistet werden, da das Coaching on the job nicht kontinuierlich umgesetzt wurde.

Typische Stolpersteine waren ...
Das typische Thema war die eigene Einstellung zum Verkauf: „Wir können doch dem Kunden nichts aufdrücken". Der Mind-Change vom Berater zum Verkäufer war hier ein großes Thema.

Tipps aus der Praxis
Bereits bei den Produktschulungen macht es Sinn, nicht nur auf die Vorteile der Angebote hinzuweisen, sondern auch auf den Nutzen. Das erleichtert den Agenten bereits zu Beginn die Argumentation.

Beispiel: Reifengroßhändler

Ausgangssituation
Ein Reifengroßhändler möchte für seinen Vertriebsinnendienst eine Schulung und ein Einzelcoaching zum Thema Zusatzangebote aufsetzen. Es geht ihm insbesondere um eine Reifenmarke, die vermehrt angeboten werden soll. Geplant ist ein kurzes Verkaufstraining, damit die Grundlagen für das Coaching geschaffen sind. Die Mitarbeiter/innen haben schon diverse Trainings erhalten.

So haben wir es umgesetzt ...
Geplant war eine kurze Trainingseinheit zur Auffrischung und Ergänzung mit der Nutzenargumentation. Auf Wunsch des Auftraggebers und aufgrund des erhöhten Callvolumens sind wir direkt in das Coaching on the job eingestiegen. Jede/r Mitarbeiter/in wurde gecoacht und mit Tipps ausgestattet.

Das ist gut gelaufen ...
Durch das Einzel-Coaching konnte gezielt auf die Stärken einzelner Mitarbeiter/innen eingegangen werden.

Ein Highlight aus der Praxis

Ein Mitarbeiter wird täglich mehrfach von einem Händler angefragt, um Reifen und Felgen zu bestellen. Der Kontakt zum Händler ist gut, manchmal wird kurz geplaudert. Auf meine Frage hin, ob das nicht der passende Kunde für das Zusatzangebot sei, bekam ich zur Antwort: „Nee, der will solche Reifen (diese speziellen Marken) sowieso nicht." Auf meine Rückfrage, woher er das wisse, antwortet der Mitarbeiter, dass er das so einschätze. Gefragt hat er ihn nicht.

Also überlegen wir uns eine Gesprächsstrategie und unterbreiten dem Händler das Angebot von 30 Reifen. Der Händler ist begeistert und bestellt diese Menge. Der Mit-

> arbeiter und das gesamte Team sind überrascht über den Verkaufserfolg.

Das ist weniger gut gelaufen ...
Durch den Wegfall der Trainingseinheiten waren die Mitarbeiter/innen nicht direkt auf die Coachingstandards vorbereitet. Das hat die Verständigung im Einzelcoaching erschwert. Weiterhin war aufgrund eines ständigen Trainerwechsels keine Nachhaltigkeit gegeben.

Tipps aus der Praxis
Treffen Sie klare Absprachen mit dem Auftraggeber, um das Ziel des Trainings und der Coachingeinheiten genau zu definieren. Empfehlenswert ist, vorab zu klären, welche genauen Trainingsinhalte bereits geschult worden sind. Nur so kann das Training passgenau aufgesetzt werden.

Up-Selling als neuer Vertriebsweg

Elisabeth Friedsam

Up-Selling ist ein Vertriebsweg, den Unternehmen als wichtigen Umsatzträger – meiner Ansicht nach – noch viel zu oft vernachlässigen beziehungsweise nicht ausreichend nutzen.

Aktiv Produkte am Telefon zu verkaufen, ist branchenunabhängig möglich. Jedoch ist es empfehlenswert, dem Kunden sinnvolle Angebote zu unterbreiten. Optimalerweise passt das Up-Sell-Produkt zum Anlass seines Anrufs. Wird ohne Nachdruck verkauft, kann es den gewünschten Umsatzerfolg einbringen. Unpassende beziehungsweise unglaubwürdige Cross-Selling-Aktionen dagegen schädigen die Kundenbeziehung dauerhaft, anstatt den Kontakt zu bereichern.

„Darf's ein bisschen mehr sein?" Diese allseits bekannte Frage haben wir – ein erfolgreiches Versandhandelsunternehmen – uns gestellt, nachdem wir Up-Selling längere Zeit getestet hatten. Die Antwort lautete „Ja".

Mit Up-Selling wurde ein vielversprechender Zusatzumsatz erzielt. Dank einer einfachen prozess- und verkaufsunterstützenden IT-Lösung war das Ergebnis nachvollziehbar.

Projekt Multi-Up-Selling
Ein umfangreiches Produktportfolio mit steigenden Wandlungsraten und Kundenakzeptanz – besonders Bestandskunden zeigten eine große Affinität zu der ausgesprochenen Kaufempfehlung – bildeten die Ausgangslage für unser Projekt „Multi-Up-Selling".

Ziel waren der Ausbau und die Optimierung der Up-Sell-Funktionalitäten, um künftig bei jeder telefonischen Bestellung noch individueller auf den Kunden eingehen und mehr als ein Up-Sell-Produkt verkaufen zu können. Potenzial für diesen wertvollen Zusatzumsatz boten vor allem Artikel, die eine hohe Anzahl an Anrufen erzeugten.

Mit Verantwortlichen aus allen beteiligten Bereichen wurde eine Produkt- und Verkaufsstrategie erarbeitet und ein umfangreicher technischer Anforderungskatalog erstellt. Kundenwünsche und Erfahrungswerte der Call-Center-Agents boten zusätzlichen Input.

Die bereits bestehende, selbst entwickelte Up-Sell-Software war den umfangreichen Bedürfnissen nicht gewachsen. Die technische Weiterentwicklung stellte sich aufgrund einer Vielzahl an Schnittstellen zu anderen Systemen als komplex heraus, wurde aber durch das große Engagement aller Projektbeteiligten gut gemeistert. In nur wenigen Monaten konnte ein umfassendes Update inklusive prozessbegleitendem Detailreporting entwickelt und implementiert werden. Zeitgleich fanden Intensivschulungen der Einkaufs- und Vertriebsmannschafen statt, um die reibungslose Einführung des Systems ohne Umsatzeinbußen zu gewährleisten.

In einem Kundengespräch mehrere Up-Sell-Produkte anzubieten, fiel nicht jedem Agent leicht. Die neue Vielfalt des Up-Sell-Angebots wiederum verleitete geübte Verkäufer zum Bauchladensyndrom.

Seit der Einführung von „Multi-Up-Selling" werden das Produktangebot und die Gesprächsführung kontinuierlich verbessert. Ein attraktives Incentiveprogramm sorgt für motivierte Call-Center-Agents.

Kerngedanke „Soft Sell"
Der Erfolg bestätigt bis heute, dass „Multi-Up-Selling" ein willkommener Service für den Kunden ist, der sogar bereit ist, gleich mehrere Zusatzprodukte zu kaufen, sofern diese seinen Wunsch sinnvoll ergänzen. Selbstverständlich wird ein „Nein" zum Angebot akzeptiert, wodurch der Kerngedanke „Soft Sell" gewahrt wird.

Bis zu zweistellige Wachstumsraten
Diese Vertriebsform kann zu einem margenträchtigen Umsatzträger im Unternehmen mit zum Teil zweistelligen Wachstumsraten etabliert werden. Unsere Erfahrungen haben gezeigt, dass die nachhaltige Berücksichtigung folgender Punkte lohnend war und weiterempfohlen werden kann:

- Up-Sell als festen Bestandteil in gesamten Business Prozess integrieren (inkl. dedicated Up-Sell management).
- Passende/ergänzende Up-Sell-Produkte anbieten.
- Verkauf systemseitig unterstützen (leider bietet der Markt keine allgemeingültige Up-Sell-Technologie, wodurch Investitionen für eine unternehmenseigene Software anfallen, die sich jedoch rasch amortisieren).
- Up-Sell ist Service/Zusatznutzen für den Kunden (Soft Sell).

6. Tipps für die Implementierung im Unternehmen

Wenn Sie Verkaufsaktivitäten von Anfang an richtig in Ihrem Call- oder Service-Center einführen wollen, helfen Ihnen die folgenden Schritte.

Pilotkampagne vorschalten

Um die Implementierung von Beginn an gut zu begleiten, ist das Vorschalten einer Pilotkampagne notwendig. Nur so können Sie gezielt klären, welche Produkte sinnvoll sind, welche Kundenansprache erfolgreich ist und wie die nachfolgenden Prozesse aufgesetzt werden sollen.

Die Pilotphase soll einen Zeitraum von ein bis drei Monaten umfassen und von einer kleinen Gruppe Agenten telefoniert werden. Hier macht es Sinn, ein Pilotteam zu installieren, das diese Phase begleitet und auswertet. Im Pilotteam sind in der Regel vertreten: Call-Center-Leitung, Teamleitung, Agenten, Trainer/in, IT und im Inhouse-Bereich Vertrieb/Marketing.

> *Tipps aus der Praxis*
> Mischen Sie die Gruppe der Agenten aus verkaufsstarken, mittelstarken und schwächeren Mitarbeiter/innen. Nur so erhalten Sie einen realistischen Wert über den möglichen Erfolg.

Prioritäten setzen

Gerade im Inbound-Bereich hat die Call-Abnahme in der Regel höchste Priorität. Bei der Implementierung des verkaufsaktiven Inbound gilt es zu klären, wie die Priorität in Zukunft aussehen soll.

Steht weiterhin die Call-Abnahme im Vordergrund, bedeutet es für den Agent, dass er in callstarken Zeiten das Verkaufsangebot stark reduzieren wird. Das lässt sich noch vertreten, wenn die callstarken Zeiten einen festen Zeitraum (zum Beispiel Saisongeschäft Oktober bis Dezember umfassen). Der Agent kann sich mental darauf einstellen und kommt nicht durcheinander.

Besser ist, wenn sich das Unternehmen konsequent für das Vertriebs-Call-Center entscheidet und den Verkauf immer in den Vordergrund stellt. Nur so ist zu gewährleisten, dass die Mitarbeiter/-innen Sales ernst nehmen und lernen, den Verkauf konsequent umzusetzen.

Problem: Schnelle Wechsel der Prioritäten

Leider sieht es in der Realität oft anders aus: In vielen Unternehmen wechseln die Prioritäten täglich, manchmal sogar stündlich. Der Agent ist hin- und hergerissen und weiß oft nicht, ob er jetzt anbieten soll oder nicht. Bietet er an, wird er in den callstarken Zeiten darauf hingewiesen, dass die Verbindungszeiten zu hoch sind. Bietet er nicht an, wird er auf zu niedrige Verkaufsquoten hingewiesen. Das verunsichert die Mitarbeiter/innen und ist nicht hilfreich bei der Implementierung. Einige Mitarbeiter/innen „verstecken" sich dann dahinter und geben das als Rechtfertigung für die Nichtansprache der Kunden an. Viele Mitarbeiter/innen sind verunsichert und bieten aus diesem Grund eher nicht an.

! *Tipps aus der Praxis*
Entscheiden Sie sich für eine klare Richtung und damit auch für die erfolgreiche Umsetzung von Inbound-Sales.

In die Qualifizierung investieren

Investieren Sie von Anfang an und vor Beginn der Sales-Aktivitäten in die Qualifizierung der Mitarbeiter/innen und der Führungskräfte.

Gerade Inbound-Agents fehlt oft das Handwerkszeug für den Verkauf, und die Motivation zum Verkauf spielt eine große Rolle.

Es ist notwendig, zusätzlich zu den Agenten ebenfalls die Führungskräfte und Inhouse-Trainer wie Inhouse-Coaches zu qualifizieren. Die Führungskräfte haben eine Vorbildfunktion inne und tragen maßgeblich zum Erfolg der Implementierung des verkaufsaktiven Call-Centers bei.

Tipps aus der Praxis
Beginnen Sie mit der Qualifizierung bei den direkten Führungskräften. Dort sollen in der Regel die ersten Trainingsmaßnahmen starten.

Beispiel:
Ein technischer Dienstleister hat für das Projekt Up- und Cross-Selling zwei direkte Führungskräfte für einen begrenzten Zeitraum freigestellt. Beide haben abwechselnd an der Grundausbildung der Agenten teilgenommen. Der Effekt war mehrseitig: Nach der jeweiligen Trainingsmaßnahme konnte die Eignung der Agenten direkt mit dem externen Trainingsunternehmen besprochen werden. Weitere Unterstützungsmaßnahmen wie Training on the job konnten so ergriffen werden. Außerdem standen die beiden Führungskräfte im Alltag für inhaltliche Fragen zur Verfügung und hatten so eine Vermittlungsposition zwischen externem Trainingsunternehmen, Agenten und Management.

Stabsstelle für den Verkauf etablieren

Sinnvoll ist es, eine Stabsstelle im Unternehmen für den Verkauf zu installieren. Gerade zu Beginn werden verschiedene Bereiche in einem Unternehmen tangiert, und um die Implementierung zu koordinieren, ist eine Stabsstelle notwendig. Die Entscheidungsbefugnis sollte weitreichend sein, um schnelle Entscheidungen treffen zu können. Die Stabsstelle kann vielfältige Aufgaben übernehmen:

- Koordination/Leitung des Pilotprojektes,
- Budgetplanung,
- Quotenüberwachung,
- Produktentscheidung,
- Unterstützung bei der Qualifizierung,
- Argumentierung gegenüber der Geschäftsführung,
- Kontakt zur IT-Abteilung.

Beispiel:
Bei einem Versandhandel wurde eine Projektkoordinatorin für das Thema Up-Selling ernannt. Um die Wichtigkeit zu unterstreichen, wurde diese Position als Stabsstelle deklariert und direkt unterhalb der Geschäftsführung angesiedelt. So konnten zum Beispiel schnelle Entscheidungen bei der Produktauswahl getroffen werden. Die passende Software wurde ebenfalls von der Projektkoordinatorin ausgesucht und die Anpassung mit den zuständigen Abteilungen geklärt.

Weiterhin oblag der Stabsstelle der Abgleich mit allen Abteilungen und den externen Dienstleistern, um das Thema Up-Selling zu implementieren.

Inzwischen ist aus der Stabsstelle eine normale Abteilung mit mehreren Mitarbeitern geworden. Der Erfolg des Projektes lässt sich anhand der gestiegenen Umsatzzahlen deutlich messen.

Regelmäßiges Controlling einführen

Definieren Sie zu Beginn die Ziele und die einzelnen Parameter möglichst genau – das erleichtert das Controlling. Führen Sie zu Anfang eine wöchentliche Auswertung mit den Beteiligten durch. So können Sie einzelne Parameter verändern oder Unterstützungsmaßnahmen einsetzen.

Beispiel:
In einem Unternehmen sanken am Wochenende regelmäßig die Verkaufsquoten. Die neue Woche begann für die Agenten jedes Mal mit einem kleinen Tief, aus dem sie sich erst hocharbeiten mussten.

Beim Controlling der Quoten wurde deutlich, dass an den Wochenenden nicht die verkaufsstarken Mitarbeiter/innen eingesetzt waren. Dies wurde bei der zukünftigen Personalplanung berücksichtigt. Der Effekt war: Die Quoten waren gleich bleibend hoch, und die Mitarbeiter/innen fingen die neue Woche motivierter an.

Die Implementierung des verkaufsaktiven Call-Centers bedeutet für ein Unternehmen Investitionen. Ein genaues Controlling macht transparent, ab wann sich der Invest lohnt.

Zusatzangebot: Pflicht oder Option?

Bei der Entscheidung für das verkaufsaktive Inbound-Call-Center stellt sich die Frage, ob das Zusatzangebot eine Pflicht oder eine Option ist. Diese Entscheidung gilt es abzuwägen, beides birgt Vor- und Nachteile (siehe Abbildung 1).

	Pflicht	**Option**
Chancen	Erhöhte Quoten	Individualprägung und Individualförderung
Risiken	Notwendiger Personalaustausch auch bisher effektiver Kundenberater	Gegebene Entschuldigung für Prozessuntreue – geringere Quoten

Abbildung 1: Chancen und Risiken, wenn Zusatzangebote als Pflicht bzw. als Option präsentiert werden

Die Erfahrung zeigt, dass das Up- und Cross-Selling in größeren Einheiten und bei leicht verständlichen Produkten zur Pflicht gemacht werden sollte. In der Regel wird trotzdem nicht bei jedem Call angeboten, da eskalierende Anrufe oder sehr kurze Anrufe nicht immer geeignet sind, ein Angebot zu platzieren.

Je höher der Verantwortungsbereich des Mitarbeiters/der Mitarbeiterin ist, desto sinnvoller ist es, den Zusatzverkauf als Option zu sehen. Hier ist dann ein erhöhter Aufwand bei den Trainingsmaßnahmen und im Coaching on the job anzusetzen.

Umsetzung bei der htp, Hannover

Carsten Rückert

Da wir bei der htp GmbH die Bereiche Service-Center und Shops in einer Organisationseinheit führen, war schon seit längerer Zeit die Überlegung, wie man im Service-Center dieselben erfolgreichen Zusatzverkäufe (Optionstarife usw.), wie sie bereits in den Shops liefen, generieren könnte, ohne die Kunden aktiv anrufen zu müssen.

Da wir selbst keine Erfahrungen in diesem Bereich hatten, entschloss ich mich Anfang 2007, an einem Up- und Cross-Selling-Seminar teilzunehmen, um mein Wissensspektrum zu erweitern und mich mit Gleichgesinnten auszutauschen.

Vertriebsquelle und Service am Kunden
Während des zweitägigen Seminars, das von Tanja Hartwig geleitet wurde, konnte ich schnell die Möglichkeiten erkennen, die diese Art des Vertriebs/dieser Serviceleistung für unser Unternehmen bieten würde: nämlich eine weitere Vertriebsquelle, die gleichzeitig einen Service am Kunden darstellt, da dieser auf eigene Initiative Kontakt aufnimmt und nicht wie bei einem Outbound-Anruf als aufdringlich empfunden werden könnte.

Schon vor Ort begann ich mit der Planung weiterer Schritte, wie die Planung von Trainings und die Entscheidung, die Mitarbeiter von Anfang an mit in den Prozess einzubeziehen.

Einige Hürden waren allerdings noch zu bewältigen, da es zu dieser Zeit noch nicht möglich war, alle optional zu verkaufenden Produkte auch am Telefon (ohne Unterschrift) zu vertreiben.

So haben wir es umgesetzt ....
Als erste Maßnahme führten wir mit den Mitarbeitern Gespräche und stellten ihnen unsere Ideen vor, in den bestehenden Inbound-Telefonaten den Kunden zusätzliche Angebote zu unterbreiten, ohne den Kunden dabei etwas andrehen zu wollen – der **Servicegedanke** sollte weiterhin im Vordergrund stehen.

Zugleich stellten wir den Mitarbeiter/innen ein neues **Entlohnungskonzept** vor, das es ihnen ermöglichte, über eine Zielvereinbarung für die Up-Selling-Leistung zusätzlich zum Festgehalt leistungsabhängig entlohnt zu werden.

Start der Trainings
Nachdem die Geschäftsführung den Verkauf von Optionsprodukten am Telefon ohne Unterschrift freigab, stand dem Start des Up-Selling-Projekts nichts mehr im Wege.

Schon zwei Monate nach dem Seminar bei Tanja Hartwig saßen wir zur Vorbereitung der ersten Trainings in meinem Büro zusammen und setzten den 1. Juni als Starttermin fest.

Wir überlegten, mit dem aus unserer Sicht schwierigsten Produkt anzufangen, um bei Erfolg die Motivation so hoch wie möglich werden zu lassen.

Die Trainings waren von **Neugier**, aber auch von massiven **Ängsten** der Mitarbeiter durchzogen. Mitarbeiter, die schlechte Erfahrungen mit Verkäufen in anderen Call-Centern gesammelt hatten, mussten überzeugt werden, dass wir den Kunden hier in erster Linie einen zusätzlichen Service bieten wollen (da die Kunden einfach vorher das Produkt noch nicht kannten), was im besten Fall zu einem Vertragsabschluss führt, aber dass wir den Kunden nichts „andrehen" wollen, was sie nicht möchten.

Und so starteten wir also wie geplant am 1. Juni 2007 mit dem Projekt Up-Selling, das so positiv verlief und von den Mitarbeitern so gut getragen wurde, dass es heute zu einer festen Vertriebsgröße geworden ist, die so erfolgreich ist wie der beste unserer Shops.

Das ist gut gelaufen ...
Im Nachhinein haben wir festgestellt, dass es eine gute Entscheidung war, die Mitarbeiter mit einzubeziehen und ihnen die Entscheidung zu überlassen, ob sie mit einer Tantieme arbeiten wollen oder nicht. Es war auch gut, uns ausgiebig mit den Ängsten der Mitarbeiter auseinanderzusetzen und ihnen klar zu machen, was unsere Absichten sind und was nicht – was im Nachhinein eine sehr gute Vertrauensbasis geschaffen hat. Es war auch sehr gut, eine Trainerin gefunden zu haben, die aus derselben Branche kommt und den Mitarbeitern sehr authentisch ihre Erfahrungen mitteilen konnte.

Wir trainieren jetzt bereits im dritten Jahr mit Tanja Hartwig, und auch das halte ich für wichtig: die Mitarbeiter mit regelmäßigen Trainings zu unterstützen. Up-Selling ist kein Projekt, das nach einer Schulung von alleine läuft, es braucht ständige Unterstützung und jemanden, der es treibt.

Auch die Idee, mit dem schwierigsten Produkt zu starten, zeigte sich nach einigen Wochen als Glücksgriff – da wir so erfolgreich damit waren, dass die Mitarbeiter danach hoch motiviert an andere Produkte gingen. Nach dem Motto: „Wenn ich das verkaufen kann, dann ist der Rest doch ein Klacks". Und heute sind die Mitarbeiter mit den größten Bedenken unsere besten Up-Seller. Abschließend sei gesagt, dass diese ganzen Maßnahmen nie zu Lasten der Beratungsqualität unserer Kunden gingen – ganz im Gegenteil.

Das ist weniger gut gelaufen ...
Es ist aus meiner Erfahrung heraus immer am schwierigsten, sich im Unternehmen die nötige Unterstützung zu verschaffen und die Bereitschaft zu finden, Prozesse zu ändern. Das kostet die meiste Kraft und Zeit, da oft viele Endscheider involviert werden müssen.

Im Vorfeld sollte man sich im Klaren darüber sein, dass es auch Mitarbeiter geben wird, die nicht in der Lage sind, diese Aufgabe zu übernehmen, und sich bereits vorher überlegen, wie man damit umgehen will.

Typische Stolpersteine waren ...
- Die Ängste der Mitarbeiter auszuräumen,
- die internen Prozesse Up-Selling-freundlich anzupassen,
- ein faires Entlohnungssystem zu schaffen,
- dem Projekt die nötige Zeit einzuräumen, auch wenn sie nicht immer da zu sein scheint.

Tipps aus der Praxis
- Beziehen Sie die Mitarbeiter so früh wie möglich ein.
- Erarbeiten Sie ein einfaches und motivierendes Entlohnungssystem.
- Setzen Sie sich intensiv mit den Ängsten der Mitarbeiter auseinander – diejenigen mit den größten Hemmungen werden oft später die besten Up-Seller im Team.
- Suchen Sie eine langfristige Bindung an einen Trainingspartner, um Trainings fortlaufend zur Optimierung der Mitarbeiterfähigkeiten einzusetzen – mal hier und da ein Training wird sich auf Dauer nicht auszahlen. Ein klares Konzept ist wichtig!
- Machen Sie den Mitarbeitern und der Geschäftsführung die Erfolge so transparent wie möglich.

Wir haben ein System geschaffen, in dem der Mitarbeiter jederzeit seine persönlichen Erfolge einsehen kann, um volle Transparenz über seine Leistung zu haben.

Wir werden es wieder so machen, weil ...
- es den Job für unsere Agenten abwechslungsreicher gemacht hat.

- das Call-Center in vertrieblicher Sicht an Stellenwert gewonnen hat.
- die Mitarbeiter durch die Zielvereinbarung auch den direkten Erfolg sehen.
- die Mitarbeiter den Erfolg ihrer Leistungen sehen können und daraus Motivation gewinnen.
- die Kunden es sehr positiv empfinden, auf neue Produkte hingewiesen zu werden und diese bei Bedarf auch unkompliziert abschließen zu können.

7. Den Erfolg messen: Vom ROI und anderen Kennzahlen

Im Folgenden finden Sie die wichtigsten Kennzahlen für den verkaufsaktiven Inbound. Sie haben so die Möglichkeit, die für Sie relevanten Kennzahlen zu filtern und bei der Implementierung des Projektes zu berücksichtigen. Mit diesen Kennzahlen können Sie die Zusatzverkäufe erfolgreich steuern. Anhand der aufgelisteten Parameter lässt sich schnell feststellen, wo die Knackpunkte liegen. Das gibt Ihnen die Gelegenheit, rechtzeitig konkrete Gegenmaßnahmen zu ergreifen.

Die wichtigsten Kennzahlen

Folgende Kennzahlen sind relevant:

Servicelevel (= der Prozentsatz von Anrufen, der innerhalb einer vorher definierten Zeit angenommen wird)
- Wie hoch ist der normale Servicelevel?
- Gibt es saisonale Schwankungen?
- Verändert sich der Servicelevel durch Zusatzangebote?

Erreichbarkeit
- Wie hoch ist die normale Erreichbarkeit?
- Gibt es Schwankungen? Wann treten sie auf?

Abbruchquote
- Wie hoch ist die Abbruchquote?
- Wann legen die Kunden auf?

Volumenkurve
- Wie sieht das Call-Volumen generell aus?
- Gibt es Schwankungen im Tages-/Wochen-/Monatsverlauf?
- Wann sollen Zusatzverkäufe platziert werden?

- Wann sollen Trainings- und Coachingeinheiten angeboten werden?

Anzahl der Gespräche
- Wie ist die durchschnittliche Anzahl?
- Gibt es auch hier saisonale Unterschiede?
- Verändert sich die Anzahl durch die Zusatzverkäufe?

Fluktuation und Krankheitsquote
- Wie sieht die Fluktuation in Ihrem Unternehmen aus?
- Gibt es Veränderungen mit der Einführung des Zusatzverkaufs?
- Wie hoch ist die Krankheitsquote? Steht sie gegebenenfalls in Verbindung mit saisonalen Schwankungen?
- Gibt es Auswirkungen für den Verkauf?

Hinweis:
Im Inbound werden zur Erfolgsmessung oftmals keine Vergleichszahlen herangezogen. Das Reporting ist häufig ungenügend und lässt keinen wirklichen Rückschluss auf den Erfolg zu.

Beispiel:
Bei einem großen Inbound-Dienstleister wurden Zusatzverkäufe implementiert, aber nicht wirklich gemessen. Sichtbar war die Verkaufsquote über verschiedene Standorte verteilt, ebenso sichtbar waren die einzelnen Verkaufsquoten. Bei der Analyse der Zahlen wurden diverse Punkte nicht berücksichtigt, wie zum Beispiel:

- Wie ist die Verteilung in den Peakzeiten, wenn also das Anrufaufkommen überdurchschnittlich ansteigt?
- Wann wird am meisten verkauft?
- Wer verkauft am meisten (Alter/Geschlecht/Betriebszugehörigkeit)?

Dies lässt einen Rückschluss darauf zu, wer wann eingesetzt wird, damit die Quote kontinuierlich oben bleibt.

Folgendes wurde in dem Beispielprojekt (technische Hotline) identifiziert:

A) Geschlecht: Männer haben besser verkauft als Frauen.

B) Alter: Die besten Verkäufer waren unter 20 Jahre.

C) Firmenzugehörigkeit: Mitarbeiter, die zwischen ein bis zwei Jahre im Unternehmen waren, haben am besten verkauft, Mitarbeiter mit längerer Betriebszugehörigkeit wesentlich schlechter.

D) Quoten: Die Top-50-Leute übertreffen die gesetzten Vorgaben. Die Top-10-Leute stechen hervor und haben mehr als doppelt so hohe Verkaufsquoten.

Als Fazit wurden die Rekrutierungsmaßnahmen verändert und die Ergebnisse berücksichtigt. Des Weiteren wurde das Resultat mit in die Personaleinsatzplanung einbezogen.

Weiterhin ist es wichtig, sich die **Kostensituation** und die **Erlöse** anzuschauen. Folgende Parameter sind hier relevant:

Produktivität je Vorgang
- Wie sieht die Produktivität je Vorgang aus?
- Nachbereitungszeit und gegebenenfalls weitere Maßnahmen mit einschließen!

Produktivität insgesamt
- Wie viel Zeit wird für die Gesprächsnachbereitung eingeplant?
- Wie hoch ist die Produktivität?
- Werden Pausenzeiten und Trainings miteinbezogen?

Kosten je Vorgang
Wie hoch sind die Kosten für jeden Vorgang? Gerade im Inbound kann ein Vorgang mehrere Kontakte einschließen.

Umsatz je Call im Durchschnitt
Wie sieht der Umsatz pro Call aus? Nicht bei jedem Call kann verkauft werden. Hier gilt es zu berechnen, ob sich der daraus resultierende Umsatz generell rechnet.

Wandlungsquote/Zusatzverkäufe
- Wie ist die tatsächliche Verkaufsquote?
- Wie sieht die Wandlung nach der Bereinigung (Berücksichtigung Rückläufer/Stornos) aus?

Produktionszahlen
Die Produktionszahlen ergeben sich aus folgenden Faktoren:
- durchschnittliche Callzeit,
- durchschnittliche Bearbeitungszeit,
- Fallabschlussquote,
- Kundenkontakte (Telefon, E-Mail, Fax).

Eine durchschnittliche Produktivitätsrate liegt bei 70 Prozent.

Tipps aus der Praxis
In der Regel steigt die durchschnittliche Gesprächszeit bei der Platzierung von Zusatzangeboten. Dies darf in der Bewertung des Agents nicht zu seinen Lasten gehen. In der Regel pendelt sich das nach einiger Zeit ein, und die Gesprächszeit reduziert sich wieder etwas.

Nicht jeder Call bringt Umsatz

Im Inbound können Sie davon ausgehen, dass nicht durch jeden Call ein weiterer Umsatz erzielt wird. Setzt man an, dass in 60 Prozent aller Gespräche ein Verkaufsgespräch geführt werden kann, bedeutet es eine erhöhte Gesprächszeit. Die gängigen Zahlen für die Platzierung eines Zusatzangebotes liegen zwischen 35 und 180 Sekunden.

Diese Zeit für den Mehraufwand muss sich durch den Mehrumsatz wieder einspielen und auf Dauer Gewinn bringen. In Inbound-Call-Center ist die Anzahl der eingehenden Anrufe nicht exakt vorhersehbar, so dass nicht von einer hundertprozentigen Planbarkeit der Up- und Cross-Selling-Angebote ausgegangen werden kann. Gerade in call-schwachen Zeiten kann der Agent im Prinzip mehr Angebote in Ruhe platzieren; nur haben wir oft das Phänomen, dass der

Agent anfängt, sich zu langweilen, wenn die Auslastung nachlässt, und dann wiederum weniger anbietet.

In Zeiten sehr hoher Callvolumina sinkt in der Regel der Zusatzverkauf. Hohes Callvolumen lässt weniger Verkauf zu, denn hohes Callvolumen bedeutet wenig Zeit für den Kunden, Druck auf die Gesprächszeit und Nachbearbeitungszeit, hohe Auslastung und Rekrutierung neuer unerfahrener Mitarbeiter.

> *Tipps aus der Praxis*
> Ein gezieltes Pilotprojekt mit einem eher kleinen und qualifizierten Datenpool hilft, realistische Erfolgsquoten für die gesamte Verkaufsaktion im Call-Center zu bestimmen.

Return on Investment

Die Kosten für die Implementierung des verkaufsaktiven Call-Centers sollen sich innerhalb eines festgelegten Zeitraums rechnen. Der Return on Investment (ROI) ist die Kapitalrendite. Er beinhaltet vor allem die Erstinvestition und die kontinuierlichen Kosten.

Zur **Erstinvestition** zählen folgende Positionen:

- Ist-Analyse,
- Training und Qualifizierung,
- Mitarbeiter/innenkosten (Agenten und Führungskräfte),
- Pilotgruppe/Pilotprojekt,
- IT-Unterstützung,
- Kick-off/Initial-Event.

Zur **kontinuierlichen Investition** gehören folgende Positionen:

- Provisionen/Prämien (zuzüglich AG-Anteil),
- Kommunikations- und Auffrischungstraining,
- Coaching/Training on the job,
- Controlling des Reporting,
- IT-Unterstützung,
- Personalentwicklung.

Reporting

Sinnvoll ist, dass Sie von Anfang an ein kontinuierliches Reporting erstellen. Das Reporting sollte folgende Zahlen enthalten:

- Verkäufe,
- Ansprachen beziehungsweise Angebote,
- Versand von Informationsmaterial (je nach Produkt),
- Ablehnungen,
- detaillierte Ablehnungsgründe,
- Stornierungen,
- durchschnittliche Gesprächszeit,
- durchschnittliche Kontakte,
- Zeitpunkt des Coachings/Trainings.

Das Reporting soll täglich, wöchentlich und monatlich erstellt werden. So können Sie Trends kurzfristig analysieren und schnell geeignete Maßnahmen ergreifen. Je nach betriebsinterner Möglichkeit können einzelne Mitarbeiter/innen oder Teams gezielt und zeitnah unterstützt werden.

> *Beispiel:*
>
> Bei einem Softwareunternehmen stellte sich heraus, dass die gezielten Coachingmaßnahmen sofort eine Auswirkung auf die Erfolge hatten. In 80 Prozent der Coachings stieg die Quote direkt wieder an. Insgesamt ließ sich in einem Verlauf über vier Wochen erkennen, dass die Quoten, auch bei den Top-Verkäufern, nachließen. Ein monatliches Coaching ist also sinnvoll.
>
> Bei einer Analyse der Zahlen fiel mir der Zusammenhang zwischen Coaching- und Trainingsmaßnahmen und Anstieg der Quote auf. Daraufhin wurde im Reporting der Zeitpunkt der jeweiligen Maßnahmen vermerkt.
>
> Hier ist deutlich das Absinken der Quote zu sehen. Mit gezielten Maßnahmen (Schulungen und Coaching) konnte die Quote wieder erhöht werden.

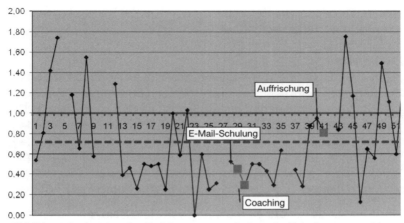
Abbildung 2: Anstieg der Erfolgsquote nach dem Auffrischungscoaching

Tipps aus der Praxis
Arbeiten Sie von Anfang an mit der IT-Abteilung zusammen, um ein passendes Reporting-Tool zu entwickeln. Für die Auswertung des Pilotprojekts reicht als erstes eine Excelliste.

Stimmen Sie sich im Vorfeld mit dem Betriebsrat ab, inwiefern Sie auf der Ebene der Mitarbeiter/innen in die Einzelauswertung gehen dürfen. Beziehen Sie den Betriebsrat am besten bereits in die Pilotphase mit ein.

Wann ist der ROI erreicht?

Elisabeth Maser

Ab wann habe ich das in die Fortbildung der Agenten investierte Geld wieder eingespielt? Diese Frage lässt sich nur bedingt mit Zahlen belegen.

Die Theorie:
Investition in die Schulung = 10 000 €

Umsatz durch Mehrverkauf der Agenten = 250 € / Tag

Das heißt, bei konstanter Leistung der Agenten hat sich das Training nach 40 Tagen gerechnet.

Die Wirklichkeit:
Kann man die Dichte von Käse messen? Es ist Abendbrotzeit, und Sie stehen an der Käsetheke und möchten 500 Gramm Gouda kaufen. Die Verkäuferin nimmt ein großes Stück und wiegt es aus. Die Waage zeigt 1200 Gramm. Die Verkäuferin nimmt nun ein Messer und schneidet den Käse etwas neben der Mitte durch. Legt das kleinere Stück auf die Waage und bekommt große Augen. Das Stück wiegt nicht wie erwartet 500 Gramm, sondern 600 Gramm. Was ist passiert? In der größeren Käsehälfte waren mehr Löcher!

Genauso ist es mit der Berechnung von ROI. Rein rechnerisch erhalten Sie eine Zahl, die widerspiegelt, wann sich die Investition gelohnt hat. Aber genau wie beim Käse gibt es viele Faktoren, die den Erfolg der Trainingsmaßnahme beeinflussen:

- Ihre Agenten haben nicht immer eine gleich hohe Performance.
- Die Kunden sind nicht immer gleich interessiert.
- Ohne ein Coaching on the Job zum Anwenden und Vertiefen des Wissens flacht die Erfolgskurve schnell wieder ab.
- Ihre Mitarbeiter sind nach dem Training besser qualifiziert für Folgeprojekte.
- Das Selbstbewusstsein Ihrer Mitarbeiter steigt durch die Fortbildung.
- Die Krankheitsquote verändert sich positiv.

Außerdem sollten Sie berücksichtigen, in welcher Situation Sie das Training beauftragt haben. Waren Sie vorausschauend tätig und haben eine wirtschaftlich schwächere Zeit genutzt, um Ihre Agenten zu qualifizieren, oder haben Sie schnell auf einen sich plötzlich ergebenden Auftrag reagiert?

Vier Schritte hin zur Messbarkeit von Erfolg
Statt eine Gesamtzahl (ROI) zu betrachten, haben wir eine gute Methode entwickelt, um gezielt zu trainieren und den Erfolg des Trainings zu messen. Sie besteht aus vier Schritten:

- Mystery Calls
- Training
- Coaching on the Job
- Mystery Calls

Der genaue Ablauf ist wie folgt:
1. Es gibt intensive Gespräche über die Trainingsinhalte und die bisherige Vorgehensweise mit dem Auftraggeber, dem Trainer und dem Unternehmen, das die Mystery Calls durchführt.
2. Die Mitarbeiter werden einbezogen, indem die Mystery Calls angekündigt und der Sinn der Aktion erläutert wird.
3. Die Mystery Calls laufen. Dabei wird ein speziell für das Projekt entwickelter Bewertungsbogen genutzt, um die bisherige Arbeitsweise der Mitarbeiter zu erkennen und das Vorgehen und Wissen um trainingsrelevante Inhalte zu ermitteln.
4. Die Ergebnisse werden dem Unternehmen präsentiert mit Hinweisen zu den angedachten Trainingsthemen. Manchmal stellt sich heraus, dass Mitarbeiter ein Thema so gut beherrschen, dass man die Trainingsinhalte anders gestalten kann.
5. Zu Beginn des Trainings stellt der Trainer den Teilnehmern einzelne Ergebnisse der Mystery Calls vor. Hier ist es besonders wichtig, auf einen guten Mix zwischen Themen, die gut laufen, und „Baustellen" zu achten.
6. Damit sich das neu erworbene Wissen der Mitarbeiter festigt, wird zeitnah nach dem Training Coaching on the Job durchgeführt.
7. Um die Veränderungen im Vorgehen und im Wissensstand der Mitarbeiter zu erkennen, werden erneut Mystery Calls nach den gleichen Bewertungskriterien wie im ersten Durchlauf durchgeführt.

So erhalten Sie eine Reihe von Kennzahlen, die Ihnen helfen, den Erfolg der Trainingsmaßnahme zu erkennen. Außerdem bekommen Sie wertvolle Hinweise nicht nur über die Arbeitsweise Ihrer Mitarbeiter, sondern auch über hausinterne Prozessketten.

Beispiel:
Dass wir mit dieser Methode genau auf dem richtigen Weg sind, hat mir das erste Projekt dieser Art bei einer österreichischen Privatbank bewiesen. Das Konzept hat alle Mitarbeiter begeistert. Ein ganz besonders Erlebnis für mich war die Präsentation der Ergebnisse bei den Mitarbeitern im Service Center. Durch den offenen und wertschätzenden Umgang waren plötzlich alle von den Mystery Calls begeistert und haben das Training als wertvoll empfunden.

Die Inhalte des Trainings wurden von allen akzeptiert, da das Testergebnis die Schwachstellen für alle sichtbar aufgezeigt hatte.

Die Bereitschaft, das eigene Handeln nach dem Training dauerhaft zu ändern, hat sich gesteigert, da jetzt der Ehrgeiz der Mitarbeiter geweckt ist. Natürlich möchte man ein besseres Ergebnis erzielen als beim ersten Test.

Fazit
Offener und wertschätzender Umgang mit den Mitarbeitern sichert bei der Implementierung von Up- und Cross-Selling die besten Erfolge.

8. Fit for Sales: Die Qualifizierung der Mitarbeiter/innen

Unternehmen, die vorhaben, Inbound-Sales zu implementieren, möchten zuerst ihre Mitarbeiter/innen schulen lassen. Denn diese sind ja am Telefon und somit nah am Kunden.

Oftmals wird jedoch vergessen, welche Rolle die direkten Führungskräfte innehaben: Sie führen die Mitarbeiter/innen und sind nah am Geschehen. Deshalb sollten Sie bei der Implementierung des Inbound-Sales das gesamte Zusammenspiel im Unternehmen berücksichtigen.

Das beste Training nutzt nichts, wenn keine Abstimmung im Unternehmen erfolgt und nicht alle Ebenen einbezogen werden.

Folgende Differenzierungen sind sinnvoll:

1. Qualifizierung der Führungskräfte
2. Qualifizierung der Mitarbeiter/innen
3. Qualifizierung der Inhouse-Trainer/innen und Inhouse-Coaches
4. Qualifizierung des Managements und der Schnittstellen

In diesem Kapitel erfahren Sie, welche Inhalte für verschiedene Teilnehmergruppen relevant sind und wie die Schulung der Mitarbeiter im Inbound-Sales konkret aussieht. Zum Abschluss lernen Sie verschiedene Kundentypen kennen, die sich aus Trainings herauskristallisiert haben.

Qualifizierung der Führungskräfte

Die Führungskräfte haben in der Regel eine Vorbildfunktion, die gerade beim Thema Verkauf wichtig ist. Hier ist es empfehlenswert, ein spezielles Training aufzusetzen, das insbesondere die Vorbildfunktion und den Transfer berücksichtigt. Erst wenn die Führungskräfte hinter dem Verkauf stehen und den Mind Change vollzogen haben, kann man das ebenfalls von den Mitarbeiter/innen am Telefon erwarten. Die Trainingsinhalte werden zudem miterlebt, und so kann die Führungskraft nachvollziehen, was der Agent im Training erlernt hat.

Beispiel:
Bei einem Inbound-Dienstleister wurden zuerst die Führungskräfte mit den Trainingsinhalten vertraut gemacht und mit ihnen zusammen der realistische Transfer entwickelt. Zu den Inhalten gehörte auch das Entwickeln von Kundentypen und den dazu passenden Formulierungen. Bis zu dem Zeitpunkt waren die Teamleitungen davon überzeugt, dass die neuen Techniken zwar etwas Umdenken erforderten, aber leicht zu erlernen seien.

Abschließend wurden dann in einem Rollenspiel die Techniken erprobt. Den Teamleitungen wurde schnell deutlich, wie wichtig es ist, sich in die Rolle des Agenten zu versetzen. So wurde ihnen bewusst, wo sie am besten beim Transfer ansetzen konnten. Ohne das eigene Erleben im Training ist dieses Bewusstsein nicht möglich.

Die Trainingsinhalte für die Mitarbeiter/innen werden auf den folgenden Seiten dargestellt. Zusätzlich sollte die Sicherung des Transfers erfolgen und die Transferinhalte sollten definiert werden. Gegebenenfalls sollte eine Qualifizierung der Führungskräfte zu Sales-Coaches durchgeführt werden.

Qualifizierung der Mitarbeiter/innen

Inbound-Call-Center haben den Vorteil, dass ihre Kunden und Interessenten schon da sind. Sie melden sich oft ohne großen Marketingaufwand und aufwändige Lockmittel. Diese Chance kann gerade in wirtschaftlich schwierigen Zeiten hervorragend für Up- und Cross-Selling genutzt werden.

Da in der Regel die Agenten für den klassischen Inbound rekrutiert wurden, ist die größte Herausforderung, den Horizont und das Können der Mitarbeiter/innen zu erweitern. Der Switch hin zur Vertriebsorientierung im Inbound-Bereich kann nur erfolgreich sein, wenn er bei der Führungskraft beginnt und dann den Agenten einbezieht. Wenn der Agent eine positive Einstellung zum Verkaufen entwickelt, haben Up- und Cross-Selling auch im Inbound Erfolg.

Sensibilität ist gefragt

Gute Service-Agenten möchten dem Anrufer bei Anfragen und Beschwerden helfen. Versuche, diesen Kunden weitergehende Angebote zu machen, verstehen die Mitarbeiter/innen als Risiko für die Kundenbeziehung und befürchten, aufdringlich zu wirken. Oftmals haben sie auch Angst vor dem „Nein" des Kunden und wissen nicht, wie sie mit Einwänden umgehen sollen. Es fehlt ihnen häufig das Handwerkszeug, um im Gespräch die Aufmerksamkeit auf das Angebot zu lenken.

Hier ist eine große Sensibilität gefordert, um das Kundengespräch erfolgreich für den Verkauf zu nutzen. Der Kunde soll die Angebote als sinnvolle Ergänzung oder Aufwertung zu den bereits gekauften Produkten verstehen.

Für den Agenten bedeutet das, den Kunden serviceorientiert zu beraten, die Verkaufschancen zu erkennen und den Kaufabschluss zu tätigen. Gezielte Schulungen im Hinblick auf Verkaufsorientierung, das Erkennen von Kaufsignalen und Abschlusstechniken unterstützen die Mitarbeiter/innen dabei.

Up- und Cross-Selling-Training

Der zeitliche Rahmen beläuft sich je nach Erfahrung auf einen halben Tag bis hin zu zwei Tagen.

Inhalte:
- Bedeutung und Nutzen von Up- und Cross-Selling,
- positive Einstellung zum Verkauf,
- eigene Hemmschwelle abbauen– Stolpersteine ausräumen,
- Chemie zum Kunden herstellen und die emotionale Ebene bedienen,
- Servicekommunikation: aktives Zuhören, Stopp- und Zauberwörter, Fragetechniken,
- Kaufsignale erkennen und Bedarf ermitteln,
- Nutzenargumentation und Kaufmotive erkennen,
- passende Gesprächsstrategien und Überleitungsformulierungen entwickeln,
- Drei-Schritte-Technik und Einstiegssätze,
- Abschlusstechniken,
- Einwandbehandlung.

Den Mitarbeiter/innen werden die Bedeutung und der Nutzen von Up- und Cross-Selling im Inbound-Gespräch aufgezeigt. Wenn in einem Unternehmen bisher ausschließlich Inbound telefoniert wurde, wird den Agenten hier der grundsätzliche Wechsel der Sichtweise (Mind Change) vermittelt. Dazu gehören Aspekte wie höhere Profitgenerierung, mehr Servicequalität und bessere Beratungskompetenz, nutzenorientierte Kundenkommunikation, Flexibilität im Service-Gespräch, die Erweiterung des eigenen Handlungsrepertoires. Es ist ein Job Enrichment für den jeweiligen Mitarbeiter/die jeweilige Mitarbeiterin, und dies gilt es deutlich zu machen.

Positive Einstellung zum Verkauf

Wer mit dem Begriff „Verkaufen" ein Problem hat, wird es schwerer haben, direkt Up- und Cross-Selling anzubieten. Hier gilt es, die eigene Einstellung zu überprüfen und Stolpersteine wie Glaubenssätze ernst zu nehmen. Es besteht oft eine emotionale Sperre im Kopf, und wenn man sich dessen bewusst wird, dann hilft das meistens dabei, die eigenen Hürden zu überwinden, die Einstellung zu verändern und eine Win-Win-Situation zu schaffen.

Beispiel:
In diversen Trainingseinheiten wurde immer wieder der gleiche Stolperstein genannt: Das Produkt ist einfach zu teuer. Beim Hinterfragen dieser Antwort stellte sich heraus, dass die Mitarbeiter/innen das Produkt zu teuer fanden, weil sie es sich zum Teil nicht leisten konnten/wollten. Weiterhin war nicht jede/r von ihnen in der Lage, das Produkt zu nutzen (Grund war die nicht vorhandene DSL-Anschlussmöglichkeit). Diese Einstellung haben die Agenten auf den Kundenkontakt übertragen und sind davon ausgegangen, dass der Kunde das Produkt nicht haben möchte: Es ist ja zu teuer ...

Eigene Hemmschwellen abbauen

Bei diesem Aspekt steht vor allem das Ausräumen der eigenen Stolpersteine im Mittelpunkt. Die Teilnehmer/innen sammeln jeweils ihre persönlichen Stolpersteine und erarbeiten in Teams und im Plenum Strategien, um diese Stolpersteine aus dem Weg zu räumen. Interessanterweise tauchen unabhängig vom Produkt in der Regel dieselben Stolpersteine auf. Die wichtigsten sind im Kapitel 9 „Stolpersteine auf dem Weg vom Inbounder zum Sales Agent" genannt.

Der Lerneffekt hierbei besteht darin, dass man sich die eigenen Stolpersteine bewusst macht und erkennt, dass es passende Gegenstrategien gibt.

Mitarbeiter/innen, die aktiv verkaufen, sind[8]:

- begeisterungsfähig,
- geduldig,
- serviceorientiert.

Sie haben

- eine gute Intuition,
- Mut zum Risiko,

---

8 Vgl. R. Krumm/C. Geissler: Outbound-Praxis, 2. Auflage, Wiesbaden 2005.

- Selbstdisziplin,
- Wille und Zuversicht,
- Spaß am Verkauf.

Sich auf den Kunden einstellen

Die Fähigkeit, sich ganz auf den Kunden einzustellen und sich in das Gespräch einzufühlen, ist die Grundvoraussetzung für ein gelungenes Verkaufsgespräch. Der Mitarbeiter/die Mitarbeiterin benötigt Empathie, Flexibilität, Kreativität und eine hohe Kundenorientierung, um positive Up- und Cross-Selling-Gespräche zu führen.

Das Handwerkszeug dazu wird in den Trainings vermittelt, wie zum Beispiel:

- aktives Zuhören,
- sichere Argumentation,
- Umgang mit Einwänden,
- Erkennen von Kundennutzen,
- Umgang mit unerwarteten Situationen,
- aktive Gesprächsführung.

Kunden treffen die Kaufentscheidung auf der emotionalen Ebene und begründen sie rational. Deshalb ist die emotionale Ebene im Kundengespräch hauptsächlich zu bedienen. Dies geschieht in der Regel schon bei der ersten Kontaktaufnahme im Inbound-Gespräch. Diese erste Kontaktaufnahme entscheidet darüber, ob der Anruf insgesamt positiv verläuft und ein Verkauf überhaupt möglich ist.

Die **„richtige Chemie"** und **ein empathisches (einfühlsames) Verhalten** in einer Kundenbeziehung sind die Erfolgsgeheimnisse im Verkauf von Dienstleistungen. Der Kunde steht immer im Mittelpunkt des Geschehens.

Servicekommunikation

Das aktive Zuhören ist mindestens ebenso wichtig wie die passende Einstellung zum Kunden. Viele Agenten haben bereits eine Idee, wie sie dem Kunden helfen können. Das ist im Service oder Support auch eine gute Eigenschaft, es kann nur passieren, dass dadurch vorschnell agiert wird. Hier hilft die Technik des aktiven Zuhörens. Sie besteht darin, dass der Agent hoch konzentriert zuhört und dann die Aussage seines Gesprächspartners paraphrasiert, das heißt, sie mit eigenen Worten umschreibt. So kann er sich vergewissern, ob er alles richtig verstanden hat.

Hilfreich sind die folgenden Formulierungen:

- *„Ich habe Sie jetzt so verstanden, dass ..."*
- *„Ihnen ist also wichtig, dass ..."*
- *„Sie meinen, wenn ..."*
- *„Fasse ich Ihre Aussage richtig auf, wenn ich ..."*
- *„Sie haben das Gefühl, dass ..."*
- *„Gefällt Ihnen die Idee ..."*
- *„Ich glaube zu verstehen, dass ..."*

Ziehen Sie keine voreiligen Schlüsse. Nur wer gut zuhört, kann passend antworten und kundenorientiert kommunizieren. Wichtig ist, nicht zu schnell zu reagieren.

> *Beispiel:*
> Bei einem Touristikunternehmen äußert eine Kundin Interesse an einer Schiffsreise. Sie möchte gerne über Weihnachten oder Silvester fahren. Die Agentin reagiert schnell und sucht passende Angebote für Silvester heraus. Die Kundin wird immer unzufriedener im Gespräch und reagiert etwas ungehalten. Die Buchung kommt nicht zustande. In der nachfolgenden Reflexion erkennt die Agentin, dass sie zu schnell reagiert hat. Sie hat nicht verifiziert, welche Reisezeit der Kundin wichtiger ist, und hat völlig überhört, dass die Kundin auch gerne über Weihnachten fahren möchte. Dies wird auch der erste Wunsch der Kundin sein, denn sie hat ihn zuerst genannt.

Verkaufskommunikation

In der Verkaufskommunikation sind positive Formulierungen verkaufsfördernd und servicestärkend. Die Magie der Worte wird oft unterschätzt und im Training vernachlässigt. Mit den Trainingsteilnehmer/innen sammeln wir die Stoppwörter und die Zauberwörter, die sie bereits kennen, und ergänzen sie später gemeinsam. Stoppwörter sind Wörter, die im Kopf Ihres Gesprächspartners zu einer negativen Reaktion führen oder einen falschen Eindruck entstehen lassen. Zauberwörter transportieren etwas Positives.

Wichtig ist auch, dass die Bedeutung dahinter vermittelt wird. Oft sind gerade die Stopp- und Zauberwörter ein Aha-Erlebnis für die Agenten. Die positiven Formulierungen werden bereits im Grundlagentraining gelernt, und es sinnvoll, sie im Verkaufstraining aufzufrischen. Die Liste in Tabelle 1 hilft den Agenten bei der Einordnung.

Stoppwörter	Zauberwörter/Alternativen
billig	preiswert, günstig
teuer	wertvoll, attraktiv, Investition, hochwertig, exklusiv
Problem, problematisch, schwierig	Sachverhalt, Anliegen, Aufgabe, Herausforderung, Frage, Thema, Lösung finden
kein Problem	💣**
aber	und, auf der anderen Seite
ja, aber	und, aus Ihrer Sicht verständlich ... und auf der anderen Seite
doch, dennoch, jedoch	und, auf der anderen Seite
erst	schon
gleich, umgehend	sofort
mal	💣**

Stoppwörter	Zauberwörter/Alternativen
müssen, muss	streichen oder: erforderlich, notwendig
nur	💣*
würde, könnte, wäre, hätte	werde, kann, bin, habe
eigentlich	💣*
nicht schlecht	gut, hervorragend, prima
Ersatz	Austausch, Alternative, neue Lieferung
Diskussion	Dialog suchen, Thema aufgreifen
keine Mängel	in Ordnung
trotzdem	obwohl, weil, genau deshalb
falsch	besser ist
Kosten	Betrag, Preis, Investition
	bitte
	danke
	gern, gerne
	Missverständnis
	Qualität
	hervorragend, prima, genial, ausgezeichnet, fantastisch, super
	schnell
	zuverlässig
	Service
	für Sie
	selbstverständlich

Tabelle 1: Stopp- und Zauberwörter
* *Streichen Sie diese Wörter generell aus Ihrem Wortschatz!*
(Quelle: T. Hartwig/E. Maser, Kundenakquise, Heidelberg 2007)

Fragetechniken

Gerade im Verkauf sind die Fragetechniken ein sehr wichtiges Handwerksmittel. Davon ausgehend, dass jede/r Mitarbeiter/in diese bereits im Grundlagentraining kennen gelernt hat, werden die Fragetechniken im Verkaufstraining aufgefrischt. Hilfreich dabei ist das Trichtermodell:

Von der offenen Frage (Infoplattform)

↓

über die Alternativfragen (Eingrenzung)

↓

zu den geschlossenen Fragen (Abschluss).

Fragen helfen, ...

- Informationen zu erhalten: über die Situation des Kunden, seine Probleme, seine Wünsche, sein Wissen, seine Meinung.
- die Aufmerksamkeit des Kunden zu binden. Die Fragen geben dem Kunden die Gelegenheit zu sprechen.
- den Kunden zum Nachdenken zu veranlassen.
- das Thema des Gesprächs zu bestimmen. „Wer fragt, der führt", heißt der Grundsatz im Gespräch mit dem Kunden.
- Interesse am Kunden und an seinen Fragen zu beweisen.
- die Sympathie des Kunden zu gewinnen.
- sich Zeit zum Überlegen zu verschaffen.

Wichtig ist, sich über die richtigen Fragen im Klaren zu sein. Hier gilt das GIGO-Prinzip (Garbage in = Garbage out).

Folgende Fragearten sind hilfreich:

Offene Fragen

Die offene oder öffnende Frage gehört zu den Informationsfragen und zeichnet sich dadurch aus, dass sie umfassende Reaktionen auslöst. Sie wird stimuliert durch die W-Fragewörter, wie in der „Sesamstraße":

wer, wann, wie, was, wo, weshalb
- *„Wie kann ich Ihnen weiterhelfen?"*
- *„Was halten Sie von dem Angebot?"*

Die Antwort ist ausführlich und erlaubt dem Kunden, selbst aktiv zu werden. Der Kunde wird zum Reden und Denken animiert und ihm wird eine freie Assoziation innerhalb seiner Antwort erlaubt. Offene Fragen begrenzen den Kunden nicht, sondern fordern ihn auf, sich inhaltlich oder persönlich zu beteiligen. Empathie und Wertschätzung werden ebenfalls mit dieser Fragetechnik ausgedrückt.

Offene Fragen sind geeignet:

- zur Gesprächseröffnung,
- zur Hintergrunderhellung,
- zur Gesprächsaktivierung.

Entsprechend ungeeignet sind sie:

- zur Entscheidungsfindung,
- zum Abschluss,
- bei begrenzter Auswahl,
- zur Gesprächsverkürzung.

Geschlossene Fragen

Die geschlossene Frage ist eine Entscheidungsfrage, auf die als Antwort „Ja" oder „Nein" erwartet wird. Diese Form der Frage beginnt meist mit einem Verb. Die Antwort ist kurz und bündig.

- *„Ist das Angebot interessant für Sie?"*
- *„Möchten Sie das Angebot jetzt bei mir abschließen?"*

Geschlossene Fragen sind geeignet:
- zur Tatsachenfeststellung,
- zur Entscheidung,
- zur Gesprächsverkürzung, zum Beispiel bei „Dauerrednern",
- zum Abschluss.

Entsprechend ungeeignet sind sie:
- um mehr Informationen zu bekommen,
- den Gesprächspartner zu aktivieren,
- im Umgang mit einsilbigen Kunden,
- zur Gesprächseröffnung.

Alternativfragen

Als Alternativfrage wird die Kombination von zwei Wahlmöglichkeiten bezeichnet. Sie kann, muss aber nicht grammatikalisch vollständige Entscheidungsfragen verbinden; sinngemäß werden in jedem Fall Entscheidungsfragen kombiniert. Die Alternativfrage ist im Verkauf sehr beliebt; sie sieht die Auswahl zwischen meist zwei Möglichkeiten vor, um über die Freiheit der Wahl zum positiven Abschluss zu kommen:

„Soll ich Sie lieber morgen früh oder morgen Nachmittag zurückrufen?" In jedem Fall passt es morgen besser als jetzt ...

Eine kleine Anekdote zum „Prinzip der Wahl"
Stellen Sie sich folgende Szene vor: Ein Ehepaar bestellt im Café beim Ober zwei Kaffee und zwei Stück Obsttorte. Auf die Frage des Obers: „Mit Sahne?" antwortet die Ehefrau: „Nein, danke!"

Eine andere Formulierung ruft eine andere Antwort hervor. Der Ober fragt: „Möchten Sie dazu zuckersüßen Schlagrahm, wie bei Großmuttern, oder die leichte Diätsahne?" Diesmal antwortet die Frau kurz entschlossen: „Wir nehmen die leichte Diätsahne!" Die Kundin wählt zwischen „Ja" oder „Ja"!

! *Tipps aus der Praxis*
Nennen Sie zuerst die Scheinlösung und als zweites das angestrebte Ziel.

Wunderfrage oder Konkretisierungsfrage

In Anlehnung an lösungsfokussierte Fragen setze ich bewusst die Konkretisierungsfrage ein. Sie ist von der Grundstruktur her eine offene Frage und wird gekoppelt mit den Worten „genau", „konkret", „exakt", „präzise". Der Kunde konkretisiert mit seiner Antwort seinen Wunsch und der Agent hilft ihm mit der klaren Fragestellung.

- *„Wie genau kann ich Ihnen weiterhelfen?"*
- *„Was konkret interessiert Sie an dem Produkt?"*
- *„Wann genau werden Sie sich entscheiden?"*

! *Tipps aus der Praxis*
Mit dieser kleinen Hilfestellung können Sie Gespräche wesentlich effektiver führen und Verkaufsabschlüsse erreichen. Sie lösen damit „kleine Wunder" aus.

Kaufsignale erkennen

Um ein Gespräch positiv – und auch schneller – abzuschließen, ist entscheidend, dass der Agent die Kaufsignale des Kunden erkennt. Diese können bereits sehr früh deutlich werden. Wichtig ist, dass der Agent in der Lage ist, diese zu erkennen anstatt sie zu überhören oder nicht ernst zu nehmen. Es gibt sogar Situationen, in denen ein Agent regelrecht erschrickt, weil der Kunde so schnell „ja" gesagt hat. Typische Kaufsignale[9] sind:

---

9   Vgl. T. Hartwig/E. Maser, Kundenakquise, Heidelberg 2007.

Fragen nach Kaufbedingungen und Preisen
Kunde: „Bekomme ich XY auch, wenn ich erst in zwei Wochen bestelle?"

Verkäufer: „Wie schnell brauchen Sie XY? Erst in zwei Wochen oder bereits nächste Woche?"

Fragen nach Einzelheiten
Kunde: „Wie sieht der Service denn bei Ihnen genau aus?"

Verkäufer: „Worauf legen Sie bei der Betreuung Wert?"

Fragen nach Lieferbedingungen
Kunde: „Ab wann kann ich xy denn nutzen?"

Verkäufer: „Wann möchten Sie xy denn nutzen?"

Unsichere Äußerungen
Kunde: „Und ich kann Sie jederzeit anrufen?"

Verkäufer: „Wir garantieren Ihnen unsere telefonische Erreichbarkeit rund um die Uhr."

Zustimmung des Kunden
Kunde: „Mhm. Das klingt ja interessant. Da haben Sie Recht."

Verkäufer: „Das freut mich. Möchten Sie XY lieber mit oder ohne Z?"

Deutliche Freundlichkeit
Kunde: „Da stimme ich Ihnen zu."

Verkäufer: „Wie möchten Sie denn bezahlen? Per Überweisung oder bequem per Bankeinzug?"

Nutzenargumentation führen und Kaufmotive erkennen

Ein Verkaufsgespräch beginnt immer mit der **Bedarfsermittlung** auf Seiten des Kunden:

- Handelt es sich um einen Neukunden oder einen Bestandskunden?
- In welcher Situation befindet er sich und was braucht er?
- Ist er zufrieden oder gibt es Klärungsbedarf?

Erst wenn diese Fragen beantwortet sind, kann der Agent individuelle Produktempfehlungen geben, individuell beraten und den jeweiligen **Produktnutzen** für den Kunden formulieren.
Die dritte Komponente beim Verkauf ist die **emotionale Ebene**. Kaufentscheidungen werden emotional getroffen und rational begründet. Ziel eines fairen Verkaufsgespräches ist immer die freie Entscheidung des Kunden für den Kauf.

Kunden kaufen aus drei Gründen: Bedarf, Nutzen, „Chemie". Diese drei Ebene werden im Verkaufsgespräch nicht immer bedient, sie können aber eingeübt werden. Ich arbeite hier mit dem **KuK- (kurz und knackig) oder KISS-Prinzip (Keep it short and simple).**

Im Inbound-Gespräch gibt es selten genug Zeit, um in epischer Breite das Zusatzangebot zu präsentieren. Wichtig ist, in der Präsentation der Argumente kurz und knackig zu sein. Der Agent hat nur wenige Sekunden, um die Aufmerksamkeit des Gesprächspartners auf sich zu ziehen.

! *Tipps aus der Praxis*
Besonders am Telefon ist die Aufmerksamkeitsspanne begrenzt, da der Kunde nichts zum Anfassen oder Lesen hat. Hier sind klare, eindeutige Formulierungen gefragt. Die Aufmerksamkeitskurve ist wechselnd, und der Verkäufer/die Verkäuferin kann schnell den richtigen Zeitpunkt verpassen.

Vorteile statt Vorzüge präsentieren

Die Vorzüge eines Produktes interessieren einen potenziellen Kunden nicht so sehr wie der Nutzen, den er aus dem Kauf des Produktes zieht. Gute Verkäufer/innen kennen ihr Produkt oder ihre Dienstleistung meist in- und auswendig und bedenken in der Argumentation häufigt nicht den Nutzen des Produktes für den Kunden. Die Schlüsselfrage der Argumentation ist: Was genau hat der Kunde davon?

> *Tipps aus der Praxis*
> „Der Kunde will nicht den tollsten Bohrer, sondern das sauberste Loch in der Wand."

Eine genaue Bedarfsanalyse ist die Voraussetzung dafür, die richtigen Argumente für den Kunden zu finden. Die Bedarfsanalyse kann auch vorab, zum Beispiel im Training, stattfinden.

Faktoren analysieren

Um die passenden Argumente zu finden, wurden bereits alle nötigen Informationen zusammengetragen. Erst aus der genauen Kenntnis und Analyse verschiedener Faktoren ergeben sich Ansatzpunkte für eine sichere Argumentation. Oft hilft hier auch der Erfahrungswert aus bisherigen Telefonaten.

Diese Faktoren sind:

- Produktmerkmale,
- Marktdaten,
- Konditionen der Mitbewerber,
- Rahmenbedingungen im eigenen Unternehmen,
- Motivstruktur des Kunden,
- Bedarf und Wünsche des Kunden.

Nutzen und Bedarfsanalyse

Der Kunde wird die Vorteile des Produktes erst dann akzeptieren, wenn sie ihm einen Nutzen bringen. Durch eine genaue Bedarfsanalyse findet der Agent heraus, welches Anliegen der Kunde hat. Hierbei helfen der gezielte Einsatz von Fragetechniken (insbesondere offenen Fragen) und das aktive Zuhören.

Eine genaue Bedarfsanalyse erleichtert den Mitarbeiter/innen, das passende Produkt anzubieten. Wenn der Kunde ausgiebig über ein bestimmtes Thema spricht, ist er genau an diesem **Detail** interessiert. Hier kann der Agent geschickt einsetzen, das Thema ausbauen und dem Kunden ein genau passendes Angebot unterbreiten.

Beispiel:
Eine Frau beklagt sich beim technischen Support darüber, dass ihr Internetzugang zu langsam ist und sie oft Bilder nicht sofort ansehen kann. Ein guter Verkäufer hat schnell erkannt, wo die Prioritäten der Kundin liegen, und preist nicht mehr die tolle Leistung von DSL generell an, sondern verkauft ihr ein DSL-Upgrade-Produkt.

Tipps aus der Praxis
Wichtig ist, dass der Agent die Signale des Kunden erkennt und diese für den Verkauf nutzt.

Motive des Kunden

Jedes Argument berücksichtigt die Nutzenvorstellungen eines Kunden und seine Kaufmotive. Aus diesen heraus wird der Anrufer die Kaufentscheidung fällen und ist dementsprechend empfänglich für gezielte Ausführungen. Für den Agenten gilt es, die möglichen Motive zu erkennen und sie im Verkaufsdialog zu benennen.

Bestimmte **Signalwörter** helfen, die Motive zu erkennen, die Argumente einzusetzen und im Gespräch zu nutzen. In unseren Trainings beziehen wir uns auf fünf Kaufmotive, die angelehnt sind an die Grundbedürfnisse der Menschen (nach Maslow). Die fünf Kaufmotive sind:

- Geldersparnis, Profit
- Arbeitserleichterung, Nützlichkeit
- Sicherheit, Kontrolle
- Image, Prestige
- Entdeckungsfreude, Höchstleistung.

In den Schulungen wird auf das Erkennen der Signalwörter und deren Einordnung besonderer Wert gelegt. Dies erfolgt insbesondere bei der Kundentypanalyse, die am Ende dieses Kapitels behandelt wird.

Einsatz von Argumenten

Vorteilhaft ist, eine Argumentationsliste zu erstellen und im Training eine Reihenfolge festzulegen. Dabei helfen die Bedarfsanalyse und Informationen über den Kunden.

Beispiel:
Bei einem Unternehmen aus dem Bereich Verkehr haben wir im Training eine Liste mit Vorteilen für den Kunden erstellt. Interessant dabei war, dass die Agenten sich vorher sicher waren, dass für den Kunden hauptsächlich der Geldbeutel zähle. Bei der Auflistung stellte sich heraus, dass die Hauptargumente Bequemlichkeit und Sicherheit waren. Das hatte ein Umdenken bei den Agenten zur Folge und veränderte die Argumentationsstrategie nachhaltig. Aus dieser Liste heraus konnten dann die Hauptargumente mit passenden Formulierungen erstellt werden.

Tipps aus der Praxis
Bringen Sie maximal drei Argumente zugunsten des Produktes vor, zu viele Argumente verwirren und vermindern die Schlagkräftigkeit. Denken Sie auch an den Kunden: Bei mehr als drei Argumenten fällt es ihm zunehmend schwer, diese mit seinen

Nutzenvorstellungen abzugleichen und zu einer positiven Kaufentscheidung zu kommen.

Argumentieren Sie aus der Sichtweise des Kunden, wenn Sie ihn überzeugen wollen. Denn nur so kann er nachvollziehen, welches die wirklichen Vorteile sind.

Passende Gesprächsstrategien und Überleitungsformulierungen

Wichtig ist, dass die Argumente mit dem möglichen Nutzen für den Kunden verknüpft werden. So genannte Überleitungsformulierungen helfen dabei. Diese Formulierungen verbinden den Produktvorteil mit dem Kundennutzen. Der Kunde wird persönlich angesprochen.

Folgende Formulierungen sind gute Überleitungen:

- „Dadurch erhalten Sie ..."
- „Das bedeutet für Sie ..."
- „Dadurch sparen Sie ..."
- „Das erhöht Ihre ..."
- „Das gewährleistet Ihre ..."
- „Das senkt Ihre ..."
- „Das steigert Ihre ..."
- „Das maximiert Ihre ..."
- „Davon haben Sie ..."
- „Damit gewinnen Sie ..."
- „Das bringt Ihnen den Vorteil ..."
- „Das gibt Ihnen ..."
- „Das zeigt Ihnen ..."
- „Das hilft Ihnen ..."
- „Damit verbessern Sie ..."

Die Überleitungsformulierungen „zwingen" den Agenten, passende Nutzenformulierungen für den Kunden zu nennen.

Hier einige Beispiele für Nutzenformulierungen zu den verschiedenen Kaufmotiven.

Kaufmotive	Nutzenformulierungen
Geldersparnis	„Sie sparen …" „Sie sparen … und gewinnen …" „… bringt Ihnen zusätzlich …" „… erhalten Sie …" „Sie senken …" „Sie erhöhen/steigern …" „Sie haben einen Vorteil …" „Wir bieten Ihnen zahlreiche Extras, wofür Sie bei anderen Anbietern bezahlen." „… haben Sie viel Spielraum für Ihre Bedürfnisse"
Zeitersparnis/ Bequemlichkeit	„… indem Sie schneller …" „… erspart Ihnen den Weg." „Sie verbessern …." „Sie verkürzen …." „… erspart Ihnen den Kauf. Beides erhalten Sie kostengünstig bei uns." „Sie können jederzeit …" „… haben Sie mehr Zeit für das, was Ihnen wichtig ist." „Sie können ganz einfach …" „… sind Sie unabhängig." „…das erleichtert Ihnen …" „Bei uns gibt es alles aus einer Hand." „Sie brauchen sich um nichts zu kümmern. Das machen wir für Sie."
Sicherheit/ Kontrolle	„Sie können darauf vertrauen, dass …" „… das bewahrt Sie …" „… gewährleistet Ihnen …" „… damit gewinnen Sie einen verlässlichen Partner." „Sie profitieren …" „Sie fühlen sich sicher." „Es ist zuverlässig." „Gesund für Sie …" „Sie können vertrauen." „Wir leisten Gewähr."

Kaufmotive	Nutzenformulierungen
Image/Ansehen	„Sie können dann mitreden." „Sie haben einen Vorsprung …" „Sie nutzen bereits jetzt …" „Sie setzen auf einen guten Namen." „Sie liegen damit absolut im Trend." „Sie gewinnen ein neues Profil hinzu." „Sie werden anerkannt." „Sie beeinflussen" „Das macht Sie beliebt." „Millionen Menschen nutzen bereits …"
Neugier/ Entdecken/ Höchstleistung	„Sie können … selbst ausprobieren." „Sie werden Spaß haben." „Sie werden überrascht sein." „Bei uns sind Sie immer über die neuesten Entwicklungen informiert." „Wir bieten Ihnen eine ganz neue Erfahrung." „Das macht Sie überlegen." „Das macht Sie unabhängig." „Sie erreichen Bestleistungen." „Sie meistern …"

Tabelle 2: Kaufmotive und Nutzenformulierungen
(Quelle: T. Hartwig/E. Maser, Kundenakquise, Heidelberg 2007, S. 40 f.)

Die Drei-Schritte-Technik

Diese Technik eignet sich für kurze und prägnante Verkaufspräsentationen im Inbound. Anhand der drei wichtigsten Schritte lässt sich fast jedes Verkaufsangebot platzieren. Folgende Vorgehensweise ist sinnvoll:

1. Schritt: Argumente/Vorteile
„Wir bieten Ihnen … (Unternehmens- und Produktleistungen).*"*

2. Schritt: Nutzenformulierung
- *„Das bedeutet für Sie ...* (vermuteter Nutzen).*"*
- *„Das heißt für Sie ...* (vermuteter Nutzen).*"*
- *„Dadurch haben Sie die Möglichkeit, ...* (vermuteter Nutzen).*"*

3. Schritt: Frage
- *„Wie gefällt Ihnen das?"* → (Kundenreaktion)
- *„Was halten Sie davon?"* → (Kundenreaktion)
- *„Ist das interessant für Sie?"* → (Kundenreaktion)

Verkaufseinstiegssätze

Die Einstiegssätze lassen sich hervorragend in die Drei-Schritte-Technik einbinden. Es gibt folgende Möglichkeiten, in das Verkaufsgespräch einzusteigen:

1. Mit einer **Selektions-** beziehungsweise **geschlossenen Frage**, um dann aufbauend auf der Antwort des Kunden direkt weiterzumachen:

„Kennen Sie schon unser neues Angebot XY?"

„Haben Sie schon von unserem neuen Angebot gehört?"

Antwortet der Kunde mit „Ja", kann der Agent sofort in das Verkaufsgespräch einsteigen:

„Prima, was halten Sie denn davon..."?

2. Noch besser ist es, direkt mit einer **offenen Frage** einzusteigen. Der Kunde hat dann mehr Möglichkeiten zu antworten, und beide sind direkt im Gespräch.

„Was halten Sie davon,...?"

„Wie finden Sie ...?"

„Was meinen Sie zu ...?"

Mögliche Einstiegssätze:

- „Kennen Sie schon unsere neuen Angebote?"
- „Was wissen Sie schon über unser neues Angebot?"
- „Wie gefällt Ihnen unser neues Angebot?"
- „Welche Bereiche interessieren Sie besonders?"
- „Haben Sie schon überlegt ...? Wir haben da ..."
- „Möchten Sie gerne ...?"
- „Ich habe da folgende Lösung für Sie ..."
- „Ich habe da genau das richtige Angebot für Sie ..."
- „Gerade für Kunden wie Sie ist unser neues Angebot interessant."

> *Tipps aus der Praxis*
> Offenheit und Charme gewinnen eher beim Kunden als die üblichen, bekannten Sätze. So sind die Formulierungen „Ich möchte Sie gerne als Kunden gewinnen" oder „Ja, es stimmt, ich möchte Ihnen gerne das Produkt XY verkaufen" oft erfolgreich.

Abschlusstechniken

Der Kaufabschluss stellt oft für den Mitarbeiter die größte Herausforderung dar. Das liegt meist an der Einstellung des Agenten zum Verkauf am Telefon, denn die Abschlusstechniken sind schnell erlernbar.

Hier gilt es, an der Einstellung der Mitarbeiter/innen zu arbeiten und ihnen zu vermitteln, dass ein „Nein" eines Kunden hilfreich sein kann. Ein/e gute/r Verkäufer/in akzeptiert auch ein „Nein" eines Kunden und bleibt so als kompetent in Erinnerung. Der Mitarbeiter erfährt den Grund der Ablehnung und kann wieder in das Gespräch einsteigen. Mittels der Abschlusstechniken wird der Abschluss gezielt herbeigeführt.

Folgende Techniken kommen zum Einsatz:

- Teilentscheidungen herbeiführen,
- Alternativfragen einsetzen,
- zusammenfassen.

Einwandbehandlung

„Einwände sind das Salz in der Suppe", heißt es so schön. Die Einwandbehandlung gehört nicht umsonst zu den wichtigsten Techniken im Verkaufsgespräch. Einwände sind nicht per se eine Absage an das vorgebrachte Angebot. Sie zeigen, dass der Kunde sich bereits mit der Sache auseinandergesetzt hat. Für den Mitarbeiter/die Mitarbeiterin heißt das: Das Verkaufsgespräch fängt mit den Einwänden erst richtig an. Einwände sagen etwas über die Wünsche des Kunden aus, und das aktive Zuhören hilft, eine genaue Analyse zu betreiben.

Einwände entstehen nicht ohne Grund. Sie zeigen, dass der Kunde

- sich mit den Informationen beschäftigt,
- noch Fragen hat,
- sich noch nicht entscheiden kann,
- noch nicht überzeugt ist,
- nicht kaufen will.

Es besteht also weiterer Handlungsbedarf. Bringt der Kunde objektive Einwände vor, ist das ein Indiz dafür, dass sich der Agent schlecht vorbereitet und/oder eine schwache Bedarfsermittlung durchgeführt hat.

Einwandarten

Es gibt die Unterscheidung zwischen vorgeschobenen und tatsächlichen Einwänden; nur tatsächlichen Einwänden lassen sich Argumente entgegenbringen. Um welche Art von Einwänden es sich handelt, lässt sich oftmals erst im Gesprächsverlauf klären. Hier ist gezieltes Nachfragen notwendig. Nur so lässt sich herausfinden, ob es sich um Ausflüchte oder um wirkliche Einwände handelt.

Auch Kunden, die sich nicht entscheiden möchten, argumentieren gerne mit **vorgeschobenen Einwänden**, um den Agenten hinzuhalten. Diese Taktik erkennt man an häufig verschobenen Terminen und an Aussagen wie: „Im Moment passt es gerade nicht", „grundsätzlich sind wir interessiert".

Analyse der Motive

Wichtig ist zu erfahren, welche Gründe hinter den Zweifeln stehen, denn die Ursachen können vielschichtig sein. Möglicherweise

- haben gerade vorher andere Agents ein Angebot unterbreitet,
- war die Gesprächseröffnung nicht interessant genug,
- findet der Kunde das Angebot nicht interessant,
- war der Kunde unkonzentriert und gerade noch bei dem Ursprungsanliegen,
- ist der Kunde/die Kundin bereits bestens informiert,
- sind die Mittel begrenzt,
- hat der Kunde/die Kundin im Moment keinen Sinn für ein Zusatzangebot,
- hat er/sie den Agenten nicht verstanden,
- ist er/sie einfach schlecht gelaunt.

Einwände können sich grundsätzlich gegen den Mitarbeiter/die Mitarbeiterin, das vertretene Unternehmen oder das angebotene Produkt richten. Sie werden aber auch aus reiner Unsicherheit im Hinblick auf die Kaufentscheidung vorgebracht.

Das Gespräch nach einem geäußerten Einwand zu beenden, ist keine befriedigende Lösung. Fragen helfen, die Motive hinter den Wünschen zu entdecken. **Gezielte Fragen** unterstützen bei der Analyse, und die Antwort des Kunden ist dann keine Spekulation mehr. Der Agent kann nun mit den Einwänden gezielter arbeiten.

> *Tipps aus der Praxis*
> Wenn Sie einen Einwand hören, gehen Sie bitte also erst dem Motiv auf den Grund, bevor Sie Techniken zur Beantwortung anwenden.

Vorgehen bei Einwänden

Wenn Sie die folgenden fünf Verhaltensregeln anwenden, nehmen Sie dem Verkaufsgespräch die Brisanz:

1. Hören Sie als Agent jedem Einwand ruhig zu und reagieren Sie auch auf ihn. Das zeigt Ihrem Gesprächspartner, dass er mit den Bedenken ernst genommen wird.
2. Unterbrechen Sie Ihren Gesprächspartners nicht in seiner Argumentation. Leider passiert dies häufig, wenn ein Agent sich angegriffen fühlt und sofort zur Rechtfertigung ansetzt.
3. Widersprechen Sie dem Einwand Ihres Gegenübers nicht, damit wird der Kunde herabgesetzt. Ihr Gesprächspartner wird sich weiteren Argumenten verschließen, wenn er sich nicht ernst genommen fühlt.
4. Bringen Sie den Einwänden des Kunden Verständnis entgegen.
5. Lassen Sie sich Zeit mit der Beantwortung von Einwänden. Eine vorschnelle, unüberlegte Reaktion kann die Zweifel noch verstärken.

Einwände vermeiden

Interessanterweise provoziert der Agent die meisten Einwände selbst. Er/sie kann dazu beitragen, dass unnötige Einwände vermieden werden, und zwar so:

- Überprüfen Sie die Eröffnungssätze: Konnte das Interesse des (potenziellen) Kunden/der Kundin geweckt werden?
- Bauen Sie von Anfang an eine positive Gesprächsatmosphäre auf.
- Führen Sie eine gute Motiv- und Bedarfsanalyse durch.
- Argumentieren Sie ausschließlich mit dem Nutzen für den Kunden.

Ein typischer Einwand ist der Satz: „Das ist mit zu teuer".

Wichtig ist, sich von dieser Aussage nicht einschüchtern zu lassen, denn sie ist auch ein Kaufsignal. Wenn der Kunde zu diesem Schluss gekommen ist, hat er sich intensiv mit dem Angebot beschäftigt und das Produkt im Geist bereits eingesetzt. Das Einzige, was dem Kauf entgegensteht, ist der Preis.

Es gibt mehrere Möglichkeiten, diese letzte Klippe vor dem Vertragsabschluss zu umschiffen:

- Den Kunden fragen, ob das Angebot seinen Erwartungen entspricht. Wenn der Kunde hier „Ja" sagt, hat der Agent einen guten Einstieg in die Preisverhandlung.
- Den Kunden fragen, was genau er zu teuer findet und im Vergleich wozu. Wenn der Agent die Relationen des Kunden kennt, ist es leichter, entsprechend zu argumentieren

Am besten zeigt der Agent dem Kunden sein Verständnis und fragt ihn, wie viel er bereit ist zu investieren. Die meisten Kunden sind in dieser Beziehung sehr ehrlich. Wenn der Kunde seine Preisvorstellung angibt, kann der Agent ihm anbieten, das Angebot an die Preisvorgabe anzupassen. Wichtig ist, im Gespräch zu klären, was elementar wichtig für den Kunden ist und auf welche Bestandteile er verzichten kann.

Die Kaufentscheidung des Kunden

> *Die Forschung lehrt, dass Menschen Entscheidungen treffen, von denen sie erwarten, dass sie sich damit gut fühlen, Emotio und Ratio gehen Hand in Hand.*
> Christoph Prox, CEO Icon Added Brand, Nürnberg

Die meisten Kaufentscheidungen werden **emotional getroffen** und **rational begründet**. Dabei herrscht das Missverständnis vor, dass Emotionalität das Gegenteil von Rationalität sei.

Auf dieses Missverständnis trifft man vor allem im Business-Bereich: „Unsere Kunden sind rational, Emotionen haben da keinen Platz", heißt es da immer wieder.

Kunden möchten durchaus Emotionen, aber die richtigen. Was oft als rational bezeichnet wird, nämlich Präzision und Logik, ist nicht das Gegenteil von Emotionen. Man kann also sagen: Rationale Entscheidungen sind ebenfalls immer emotionale Entscheidungen mit positiven Konsequenzen.

Die neueste Hirnforschung lehrt, dass Kunden 80 Prozent aller Entscheidungen unbewusst treffen. Auch bei den restlichen 20 Prozent haben äußere Faktoren einen wichtigen Einfluss.

Viele Reize und Signale werden vom Gehirn des Kunden direkt in Verhalten umgesetzt, ohne dass er es merkt. Alle wesentlichen Entscheidungen, die ein Kunde trifft, sind emotional: Entscheidungen ohne emotionale Komponente sind für das Gehirn bedeutungslos.

Forscher können heute Gehirne von Kunden scannen. Die Bilder zeigen, welche Areale in den emotionalen Zentren des Gehirns (dem limbischen System) bei der Entscheidung für ein Produkt stimuliert werden. Im limbischen System liegen die vitalen Bedürfnisse des Menschen wie Atmung, Schlaf, Nahrung und Sexualität. Um diese Grundbedürfnisse herum gruppieren sich weitere Steuerungselemente, die unsere Entscheidungen beeinflussen. Dazu gehören die Emotionsfelder wie Balance, Dominanz und Stimulanz. Das limbische System ist das Machtzentrum im Kopf des Kunden.[10]

Kunden möchten gerne emotional angesprochen werden und den möglichen Nutzen erkennen, den sie von der Dienstleistung haben. Die Vorteile eines Produktes stehen dabei nicht im Vordergrund. Der Verkauf in der heutigen Zeit läuft über die Person des Verkäufers/der Verkäuferin und über die Kaufmotive/Wünsche des Kunden. Aktuelle Ergebnisse der Hirnforschung zeigen, dass die wahren Entscheider die Emotionen sind.

Die **Macht des Unbewussten** ist erheblich größer, als wir bisher angenommen haben. Emotionale Erfahrungen (positive wie negative) werden im Unterbewusstsein gespeichert. Daher ist es wichtig, jeglichen Kundenkontakt möglichst positiv zu gestalten. Bei starken Marken beziehungsweise starken Angeboten werden die Hirnreale,

---

10 Vgl. H.-G. Häusel: Brain Script, Planegg 2004.

die zum Nachdenken dienen, abgeschaltet. Die Areale, die für spontane Handlungen zuständig sind, werden demgegenüber aktiviert. Starke Angebote können somit das Nachdenken in der Kundenkommunikation entlasten.

Für das Verkaufsgespräch folgt daraus, dass das jeweils dominierende Motiv- und Emotionsfeld angesprochen werden sollte, um das Gehirn zu aktivieren und Kaufreize auszulösen. Hierfür sind wiederum die Kenntnisse über Kaufmotive relevant und die Verknüpfung mit gehirngerechten Formulierungen. Dazu gehört, Verkaufsargumente im direkten Kundenkontakt im Sinne des Neuromarketing exakt auf den Kunden abzustimmen. Auf diese Weise kann sofort eine positive Reaktion hervorgerufen werden.

Der Schlüssel zum hirngerechten Marketing ist eine tiefgehende Kundenorientierung, denn sie bedeutet, dem Kunden genau zuzuhören.

Beispiel:
Den Kundentyp Controller, dessen Hauptmotive Sicherheit und Kontrolle sind, überzeugt am ehesten die Formulierung: „Das rechnet sich in kürzester Zeit."

Ein auf Sicherheit und Stabilität ausgerichteter Kunde reagiert auf die Formulierung „Sie brauchen sich um nichts mehr zu kümmern."

Hirngerechtes Verkaufen
Die Hirnforschung liefert der Kundenkommunikation neue Erkenntnisse, wie die Kaufentscheidungen im Kopf des Kunden ablaufen. Wenn Sie die nachfolgenden Grundregeln beherzigen, können Sie deutliche Umsatzsteigerungen erzielen.

1. Emotionsfelder stimulieren: Wer die Grundmotive der Kunden kennt und gezielt anspricht, bindet damit den Kunden an das Unternehmen.

2. Integrierte Kommunikation: Produkte und Dienstleistungen sollen nicht nur die typischen Merkmale aufweisen, sondern auch

die Emotionsfelder besetzen. Der Nutzen und die Bedürfniserfüllung für den Kunden stehen dabei im Vordergrund.
3. Gesamtemotionalität beachten: Die Angebotspräsentation für den Kunden soll möglichst über alle Sinneskanäle erfolgen. In der Kommunikation am Telefon helfen Formulierungen, die die verschiedenen Kanäle speziell ansprechen. Abstrakte Fakten werden vom Gehirn schwerer verarbeitet.
4. Nicht jeder kann verkaufen: Das Verhalten des Verkäufers erreicht als subtile Botschaft das Gehirn des Kunden. Wer nicht gerne verkauft oder die Erwartungen und Emotionen des Kunden nicht spürt, hat es schwer im Verkauf.
5. Große Gefühle verkaufen besser: Für ein Angebot, das keine positiven Emotionen auslöst, ist kein Kunde bereit, Geld auszugeben.

(in Anlehnung an Markus Elsen: Warum Kunden kaufen, in: acquisa, 03/2007)

Umgang mit verschiedenen Kundentypen

Eine Besonderheit unseres Trainingsansatzes ist, dass wir uns sehr intensiv mit Kundentypen beschäftigen. Jedes Unternehmen hat mit den jeweiligen Produkten unterschiedliche Zielgruppen, und diese werden gezielt anhand unserer Kundentypanalyse angesprochen. Als Grundlage beziehen wir uns auf das Nähe-Distanz-/Dauer-Wechsel-Modell von Riemann/Thomann. Im Allgemeinen lassen sich nach Fritz Riemann und Christoph Thomann vier verschiedene menschliche Grundausrichtungen beobachten:

Das Bedürfnis ...
1. nach Nähe (zum Beispiel zwischenmenschlicher Kontakt, Harmonie, Geborgenheit), *2. nach Distanz* (zum Beispiel Unabhängigkeit, Ruhe, Individualität), *3. nach Dauer* (zum Beispiel Ordnung, Regelmäßigkeiten, Kontrolle) und *4. nach Wechsel* (zum Beispiel

Abwechslung, Spontaneität, Kreativität). Je nach Ausprägung der Grundausrichtungen sind entsprechende Bedürfnisse (Motivationen) Werte und „Lebensphilosophien" vorherrschend und zeigen sich im zwischenmenschlichen Verhalten und in der Kommunikation.

Ein bestimmter Sprachgebrauch und das Einsetzen von bestimmten Wörtern lassen eine erste Zuordnung zu. Wichtig ist, dass dieses Modell ausschließlich der eigenen Orientierung dient. Ein Agent mit einer starken Ausprägung im Nähe-Bereich wird sehr ins Plaudern geraten, wenn der Kunde ebenfalls stark im Nähe-Bereich ausgeprägt ist.

Im Folgenden finden Sie verschiedene Kundentypen, die sich in diversen Trainings herauskristallisiert haben. Die Einordnung haben jeweils die Trainingsteilnehmer/innen vorgenommen und mit passenden Formulierungen für ihr jeweiliges Angebot gefüllt. Die Vorgehensweise war jeweils ähnlich:

1. Bezeichnung des Kundentyps (eigene Beschreibung).
2. Welche (Kauf)motive stecken dahinter?
3. Welche Reaktionen/Argumente passen dazu?
4. Eigene Formulierungen.

Die eigenen Formulierungen werden nachfolgend nicht beschrieben, da sie zu spezifisch sind. Erkennen kann man den jeweiligen Kundentyp an den Begriffen, die zu den einzelnen Kaufmotiven passen, siehe Abschnitt zu Kaufmotiven (S. 89 ff.).

Die Kundentypen im Einzelnen

- *Der Einfache*

    Motive:
    + Arbeitserleichterung
    + Sicherheit
    + Bequemlichkeit

    Reaktionen/Nutzen:
    – „Ich erledige das gerne für Sie."

– „Ich kümmere mich gerne darum."

- *Der Neunmalkluge*

    Motive:
    + Sicherheit
    + Image/ Ansehen

    Reaktionen/Nutzen:
    – zusätzlicher Profit.
    – Selbstbestätigung/ Lob.
    – Hinweis auf neue Trends.
    – „Da haben Sie Recht."
    – „Das ist interessant."
    – „Wie Sie wissen …"

- *Der Feilscher*

    Motive:
    + Geldersparnis
    + Image/Ansehen
    + Erfolgserlebnis

    Reaktionen/Nutzen:
    – Rabattaktionen.
    – Verhandlungsbereitschaft.
    – Bestärkung.
    – „Sie haben einen guten Preis ausgehandelt."
    – „Sie waren ja wirklich hartnäckig."

- *Der Nix-Peiler*

    Motive:
    + Arbeitserleichterung

    Reaktionen/Nutzen:

- (Immer wieder) erläuternd einwirken.
- In Bildern sprechen, Beispiele nutzen.
- Loben: „Das ist eine interessante Frage."
- Wissen vermitteln, an die Hand nehmen.
- Service bieten.

- *Der Charmeur*

    Motive:
    + Prestige, Image

    Reaktionen/Nutzen:
    - Schlagfertig, aber sachlich.
    - Spiegeln: Tonlage, Ausdruck, Dialekt.
    - Ego streicheln.

- *Der Wütende*

    Motive:
    + Sicherheit
    + Prestige/Image

    Reaktionen/Nutzen:
    - Bestätigung: „Ich kann Ihren Ärger verstehen und ..."
    - Auf die Sachebene holen.
    - Aussprechen lassen.
    - Ihm das Gefühl geben, dass sein „Problem" verstanden und behoben wird.
    - Partner sein.

- *Der Ahnungslose*

    Motive:
    + Sicherheit/Kontrolle

    Reaktionen/Nutzen:

- Intensive Beratung.
- Langsam auf ihn eingehen.
- Step by Step zum Abschluss führen.

- *Der Betreuungsintensive*

    Motive:
    + Sicherheit/Kontrolle
    + Neugierde/Entdeckungsfreude
    + Prestige/Image

    Reaktionen/Nutzen:
    - Intensive Beratung.
    - Auf eine Frage folgt eine konkrete Antwort.

- *Der Stornierer*

    Motive:
    + Arbeitserleichterung/Bequemlichkeit

    Reaktionen/Nutzen:
    - Hinweis auf die Folgen (Stornogebühren).
    - Weniger intensive Betreuung.

- *Der OEM-Kunde („Ich nehme nur Originalmaterial")*

    Motive:
    + Sicherheit, Qualität, Kontrolle
    + Prestige, Image

    Reaktionen/Nutzen:
    - Hinweis auf made in Germany.
    - Ansprechpartner vor Ort.
    - Individuelle Lösung.
    - Produktgarantie.

- *Der Umweltbewusste*

  Motive:
  + Sicherheit
  + Prestige, Image

  Reaktionen/Nutzen:
  − Hinweis auf made in Germany.
  − Mehrleistungsprodukte.
  − Umweltbewusste Produkte.

- *Der Hinhalter*

  Motive:
  + Bequemlichkeit
  + Sicherheit, Qualität

  Reaktionen/Nutzen:
  − Ansprechpartner vor Ort.
  − Persönliche Betreuung.
  − Alles aus einer Hand.

- *Der Ortsgebundene*

  Motive:
  + Bequemlichkeit
  + Sicherheit

  Reaktionen/Nutzen:
  − Ansprechpartner vor Ort.
  − Persönliche Betreuung.

- *Der VIP*

  Motive:
  + Bequemlichkeit

+ Image, Prestige

Reaktionen/Nutzen:
- Ansprechpartner vor Ort.
- Persönliche Betreuung.
- Qualitätsprodukt.

- Der „Es lohnt sich nicht"-Kunde

Motive:
+ Neugierde
+ Geldersparnis

Reaktionen/Nutzen:
- Mehrleistung.
- Qualitätsprodukt.
- Lebenslange Produktgarantie.

- Der „Geiz ist geil"-Kunde

Motive:
+ Zeitersparnis
+ Geldersparnis

Reaktionen/Nutzen:
- Mehrleistung.
- Verschiedene Lösungen sind möglich.
- Lohnende Investition.

- Der Nörgler

Motive:
+ Geldvorteil
+ Bequemlichkeit, Zeitersparnis
+ Sicherheit

Reaktionen/Nutzen:
- Mehrleistung.
- Lebenslange Produktgarantie.

- *Der „schlechte Erfahrung"-Kunde*

    Motive:
    + Sicherheit
    + Bequemlichkeit, Zeitersparnis

    Reaktionen/Nutzen:
    - Lange am Markt.
    - Lebenslange Produktgarantie.
    - Referenzkunde.

- *Der „keine Zeit"-Kunde*

    Motive:
    + Bequemlichkeit
    + Zeitersparnis

    Reaktionen/Nutzen:
    - Alles aus einer Hand.
    - Mehrleistung, Service.

- *Der Kunde mit bestehenden Verträgen*

    Motive:
    + Bequemlichkeit
    + Preisvorteil
    + Sicherheit

    Reaktionen/Nutzen:
    - Made in Germany.
    - Individuelle Lösungen.
    - Investitionssicherheit.
    - Kompetente Beratung.

Qualifizierung der Mitarbeiter/innen für Inbound Sales im AIDA Cruises Service Center

Romy Hübner

Zurückhaltend betreten die Mitarbeiter/innen des AIDA Cruises Service Centers den Seminarraum. Für alle Anwesenden steht heute ein Verkaufstraining auf dem Programm. Einige von ihnen werfen sich skeptische Blicke zu. Verkauf scheint auch heute noch als unangenehm und als eine Form des Überredens empfunden zu werden. Eben diese Vorbehalte sollen mit einem entsprechenden Qualifizierungsprogramm aus dem Weg geräumt werden.

Zielsetzung ist, die Mitarbeiter/innen zu befähigen, individuelle Wünsche des Kunden zu erkennen und proaktiv das Beratungs- und Verkaufsgespräch zu steuern. Das Credo des Trainings lautet also: Weg von einer passiven hin zu einer aktiven Gesprächsführung. Dabei sollen die bestehenden Kernkompetenzen der Mitarbeiter/innen wie starke Serviceorientierung, sicheres Fachwissen, Freundlichkeit und kompetente Beratung nicht außer Acht gelassen werden. Diese müssen jedoch um die Techniken des proaktiven Verkaufs ergänzt werden.

Die Anforderungen an ein entsprechendes Qualifizierungskonzept sind hoch:

- Wie werden die Mitarbeiter/innen optimal auf die besonderen Bedingungen und die neuen Anforderungen verkaufsaktiver Gespräche vorbereitet?
- Wie können sie für das Thema begeistert und für den Verkauf motiviert werden?
- Wie gelingt es uns, nachhaltige Effekte zu erzielen, so dass die Mitarbeiter/innen die neu erlernten Techniken an ihrem Arbeitsplatz mutig anwenden und ausprobieren, ohne in gewohnte Gesprächsmuster zu verfallen?
- In welcher Form können wir auch über die eigentliche Trainingsphase hinaus unterstützen und begleiten?

Folglich richtet sich der Blick nicht nur auf die Qualifizierung der Mitarbeiter/innen, sondern parallel dazu auch auf die zuständigen Teamleiter/innen. Diese sollen zusätzlich zu begleitenden Coaches ausgebildet werden, um den inhaltlichen Transfer in die Praxis sicherzustellen.

Modulares Konzept
Als externe Unterstützung für dieses Projekt holen wir Tanja Hartwig an Bord. In einer intensiven Vorbesprechung mit der internen Trainingsabteilung und den Fachbereichen entsteht ein modulares Konzept, das sich in das bereits bestehende Trainingssystem integrieren lässt. Hauptbestandteil des Qualifizierungsprogramms sind drei Präsenzmodule, die abwechselnd durch Tanja Hartwig und die interne Trainingsabteilung geleitet werden. In jedem Modul werden einzelne Verkaufstechniken interaktiv erlernt und anhand von konkreten Beispielen aus der täglichen Praxis erprobt: beginnend mit dem langsamen Heranführen an das Thema Verkauf über das Erlernen bewährter Techniken bis hin zum proaktiven Herbeiführen erfolgreicher Abschlüsse.

Eintrainieren im Arbeitsalltag: Train the Coach
Doch herausgelöst aus einem Gesamtkontext haben diese Trainings keinen nachhaltigen Erfolg. Wenn die neuen Anforderungen einer verkaufsaktiven Gesprächsführung nur in Form von einzelnen Seminaren eingeführt werden, erzielen sie nicht die gewünschten Effekte. Vielmehr müssen die Inhalte auch im Arbeitsalltag individuell durch die Teamleiter/innen trainiert und begleitet werden. Nur dann werden die neuen Techniken Eingang in die tägliche Praxis der Mitarbeiter/innen finden.

Aus diesem Grund wird zusätzlich ein modulares „Train the Coach"-Konzept entwickelt, das sich speziell an die Teamleiter/innen richtet. Hier erfahren sie, wie sie einerseits den Transfer des Gelernten unterstützen und andererseits die Mitarbeiter/innen gezielt zu individuellen Fragestellungen coachen können.

Zu den Inhalten der einzelnen Module zählen Themen wie:

- die besonderen Bedingungen von Coaching im Call-Center,
- Coaching als Führungsaufgabe,
- die Rolle als Teamleiter und Coach,
- Zielvereinbarungen
- sowie das Geben von konstruktivem Feedback.

In einem zusätzlichen Workshop wird gemeinsam mit der internen Trainingsabteilung und den Teamleiter/innen das bereits bestehende Coachingkonzept überarbeitet und an die neuen Herausforderungen angepasst. Zielsetzung ist, aus den Inhalten der vorangegangenen Trainings Standards der Gesprächsführung zu definieren und diese in einen verbesserten Coachingbogen einzuarbeiten.

Entstanden ist ein für alle Mitarbeiter/innen transparentes Konzept mit folgenden Schwerpunkten:

- Gesprächsführung,
- Service- und Kundenorientierung,
- aktiver Verkauf und Arbeitsorganisation.

Fazit
Inzwischen ist die anfängliche Skepsis verflogen. Einzelne Verkaufstechniken haben Eingang in den Arbeitsalltag gefunden, und die Inhalte der verschiedenen Module sind fester Bestandteil des internen Trainingssystems geworden. Um die Wirksamkeit des Coachings und Trainings weiterhin zu verstärken, wird ständig an deren Verbesserung gearbeitet. Aus regelmäßigen Teammeetings mit den Mitarbeiter/innen und Gesprächsrunden mit den Teamleiter/innen ergeben sich immer wieder neue Anregungen und Ideen, die zum Zwecke der Qualitätssicherung und -verbesserung ausgewertet werden. Das Fundament für Service und Verkauf ist gelegt und wird weiter ausgebaut.

9. Stolpersteine auf dem Weg vom Inbounder zum Sales-Agenten

Seit 2001 beschäftige ich mich mit dem Thema Zusatzverkäufe im Inbound und habe im Laufe der Jahre die Erfahrung gemacht, dass es sich immer wiederholende Stolpersteine bei den Mitarbeiter/innen gibt. Die Themen betreffen

- Gesprächstechniken,
- unternehmensspezifische Dinge und
- die eigene Einstellung.

Die eigene Einstellung ist dabei der wesentliche Punkt, denn nur mit einer **positiven Einstellung** wird der Verkauf funktionieren. In diesem Kapitel lesen Sie, welche Stolpersteine die Arbeit behindern können und wie Sie sie beseitigen.

Horizonterweiterung beginnt beim Mitarbeiter

Die größte Herausforderung ist es, den Horizont und das Können der Mitarbeiter/innen zu erweitern. Der Switch hin zur erweiterten Vertriebsorientierung kann nur erfolgreich sein, wenn diese beim Mitarbeiter beginnt. Wenn der Mitarbeiter/die Mitarbeiterin eine positive Einstellung zum Verkaufen entwickelt, dann wird das Up- und Cross-Selling auch erfolgreich.

Gute Berater möchten den Kunden bei Anfragen und Beschwerden helfen. Versuche, diesen Kunden weitergehende Angebote zu machen, sehen die Mitarbeiter/innen als Risiko für die Kundenbeziehung. Der Kunde soll die Angebote als sinnvolle Ergänzung oder Aufwertung zu den bereits gekauften Produkten verstehen.

In meinen Trainings nehmen wir die **Stolpersteine** der Mitarbeiter/innen und räumen sie gemeinsam aus dem Weg. Erst dann können wir mit den reinen Verkaufstechniken beginnen.

Ich persönlich habe über 20 Jahre Kampfsport gelernt und trainiert. Nur nutzen mir diese Techniken nichts, wenn ich mich nicht traue, sie anzuwenden. Die Umsetzung beginnt also im Kopf, und da setze ich an: Wir sammeln alle möglichen Stolpersteine und diese werden dann in Zweier-Teams bearbeitet. Jedes Team überlegt sich mögliche Strategien, um die Stolpersteine möglichst ganz aus dem Weg zu räumen. Die Strategien werden dann gemeinsam besprochen, und sehr oft lassen sich gerade skeptische Mitarbeiter/innen überzeugen, diese zu testen.

Stolpersteine im Gesprächsverlauf

Welche Stolpersteine gibt es und wie sehen mögliche Veränderungsstrategien aus? Hier eine Übersicht.

Stolperstein: Einstieg in das Verkaufsgespräch
Strategien:
- Sich auf den Gesprächspartner zum Beispiel anhand der Angaben in der Datenbank/im CRM-System vorbereiten.
- Eigene Sicherheit verstärken, sich auf ein bestimmtes Thema festlegen.
- Mehr Selbstvertrauen aufbauen.
- Einstiegssätze überlegen.

Stolperstein: Kein direkter Kontakt mit dem Kunden
Strategien:
- Mit Beispielen arbeiten.
- Das Gespräch mit Kollegen üben.

Stolperstein: Technische Probleme
Strategien:
- Die Fehler beobachten.

- Probleme an die EDV weitergeben.
- Den Kunden auf das Problem aufmerksam machen und eventuell einen Rückruf anbieten.
- Ein nettes Gespräch beginnen, ein anderes Thema anschneiden und Zeit gewinnen.
- Mit Humor nehmen.
- Keine Schuldgefühle haben.

Stolperstein: Abschluss des Verkaufsgesprächs
Strategien:
- Den Gesprächsverlauf bewerten und einordnen.
- Einschätzen, ob Interesse besteht, und entsprechend reagieren.
- Die Angst vor dem Nein ernst nehmen und eigene Strategien entwickeln.

Stolpersteine beim Kundenverhalten

Stolperstein: Kunde ist besser über das Produkt informiert
Strategien:
- Nicht ablehnen oder Gegenargument vorbringen.
- Dem Kunden zustimmen.
- Den Kunden loben.

Stolperstein: Kunde hat keine Zeit
Strategien:
- Verständnis äußern und Folgeanruf anbieten.
- Gemeinsam mit dem Kunden einen Alternativtermin finden.
- Vorab per E-Mail agieren.

Stolperstein: Kunde ist aggressiv oder genervt
Strategien:
- Der Kunde meint es nicht persönlich.
- Freundlichkeit bewahren.
- Meinungen des Kunden ignorieren.
- Den Kunden an die „Hand nehmen"; eventuell braucht er Hilfe/Sicherheit/Halt.

Stolperstein: Kunde hat kein Interesse
Strategien:
- Die Bedürfnisse des Kunden erfragen und das Angebot entsprechend ändern.
- Dem Kunden den Nutzen verdeutlichen.
- Offene Fragen stellen, dann muss der Kunde antworten.

Stolperstein: Kunde lässt nicht ausreden oder fällt immer ins Wort
Strategien:
- Sich nicht stressen lassen.
- Geschlossene Fragen stellen.
- Pausen ausnutzen.
- Fakten festhalten.
- Gespräch planen, mitteilen und führen.

Stolperstein: Kunde hat bereits schlechte Erfahrung mit dem Produkt gemacht
Strategien:
- Verständnis zeigen.
- Fragen, was passiert ist, welche schlechten Erfahrungen er gemacht hat.
- Ihm anbieten, eine neue bessere Erfahrung zu machen.

Stolpersteine im Informationsfluss

Stolperstein: Falsche Informationen über das Produkt
Strategien:
- Broschüren lesen und sich weiter informieren.
- Sich im Intranet oder Internet informieren.
- Routine erlangen.
- Wissenslücken füllen.
- Nachfragen bei den Kollegen oder der Führungskraft.

Stolperstein: Fehlende oder falsche interne Informationen
Strategien:
- Meetings.
- Schwarzes Brett.
- Intranet.

Stolperstein: Verkauf über Handel oder Internet
Strategien:
- Vorteile für den direkten Abschluss am Telefon aufweisen.

Stolpersteine in der eigenen Haltung

Stolperstein: Fehlende Produktüberzeugung
Strategien:
- Etwas für sich selbst Positives aus dem Produkt filtern.
- Stimmlage, Überzeugungskraft: durchdacht und entschlossen anbieten.
- Dem Kunden die Entscheidung überlassen.

Stolperstein: Fehlende Motivation
Strategien:
- Besserer, intensiverer Kundenkontakt.
- Job wird qualitativ besser.

Stolperstein: Steigender Verkaufsdruck / hohe Erwartung der Geschäftsleitung
Strategien:
- Versuchen, die Quote während des Gesprächs auszublenden.
- Einstellung wählen: Ist das Glas halb leer oder halb voll?
- Monate dokumentieren, damit ersichtlich wird, was gut läuft und was nicht.
- „Ich habe mein Bestes gegeben."

Stolperstein: Angst vor der Reaktion des Kunden
Strategien:
- Aktives Zuhören – wie geht es dem Kunden?
- Vorstellungen vom Kunden verändern – positive Seiten sehen.
- Selbstmotivation üben.
- Selbstbewusst auftreten.
- Nutzenargumentation anwenden.
- Einstellung ändern: „Jeder Anruf ist ein potenzieller Käufer ..."

Stolperstein: Denken mit dem eigenen Geldbeutel
Strategien:
- Man sollte immer davon ausgehen, dass der Kunde genug Geld hat.
- Nicht selbst die Entscheidung für den Kunden treffen! (Entmündigung)
- In dem Moment direkt an die Verkaufsquote denken, jeder Kunde reagiert anders auf die Angebote.
- Nur Positives aufführen, Nachteile nett verpacken, zum Schluss entscheidet der Kunde selbst.

Stolperstein: Stimmung geht vom Kunden über
Strategien:
- Nicht aus der Fassung bringen lassen.
- Professionell handeln!

Mind Change – vom Inbounder zum Sales-Agenten

Petra Goller

Um den Service zu verbessern, wurde im Unternehmen überlegt, für bestimmte Produkte eine Servicehotline einzurichten. Der Kunde sollte unter einer bestimmten Rufnummer eine kompetente Beratung erhalten. Sehr schnell wurde dieser Service auf 24 Stunden, sieben Tage die Woche ausgedehnt.

Die Mitarbeiter in diesem Bereich zeichneten sich vor allem durch eine sympathische Stimme aus und die Fähigkeit, Sachverhalte einfach und anschaulich erklären zu können. Informationen, die der Kunde dem Mitarbeiter zusätzlich gab (Verbesserungen zum Produkt, Wünsche etc.), wurden in der Regel unverarbeitet zur Kenntnis genommen, da dies kein Bestandteil der Beratung war.

Es herrschte die einhellige Meinung, dass ein Mitarbeiter, der eingehende Anrufe entgegennimmt, serviceorientiert und beratend dem Kunden hilft, niemals ein Verkäufer (Sales Agent) sein kann. Schließlich ist die Rolle des Inbounders die passive Rolle, das heißt, der Kunde möchte etwas wissen. Der Sales Agent hat dagegen eine aktive Rolle, das heißt, er überredet/überzeugt den Kunden, von ihm etwas zu kaufen.

Auf Basis dieser Gedanken war klar, dass das Inbound-Geschäft keinen Profit im Sinne von zusätzlichem Umsatz generiert. Dafür ist der Verkauf zuständig.

Dieses Gedankengut hat sich über die Jahre sehr stark gewandelt und der Erfolg ist immens; jedoch ist der Weg vom Inbounder zum Sales Agenten noch immer mit einigen Hürden und Ängsten belegt. Der Sinneswandel findet Step by Step statt, und das volle Potenzial ist noch lange nicht ausgeschöpft.

So haben wir es umgesetzt:
Wichtig ist, dass sich die Verantwortlichen für das Projekt genau überlegen, wie der Umsetzungsplan ausschauen soll. Der entscheidende Schritt ist die frühzeitige Einbindung der Mitarbeiter. Es gilt, den Mitarbeitern die Möglichkeit zu geben, ihre Ängste zu benennen, diese ernst zu nehmen und darauf einzugehen. Bei Bedarf sind entsprechende Qualifizierungsmaßnahmen anzubieten.

Das ist gut gelaufen:
Die Gespräche mit den Mitarbeitern wurden sehr positiv aufgenommen, und mit diesen Erkenntnissen konnten auch viele Hürden genommen werden. Die Ideen der Mitarbeiter konnten sehr gut eingebunden werden, und so war es ein gemeinsames Projekt.

Das ist weniger gut gelaufen:
Die Einstellung mancher Mitarbeiter zum Thema „Verkauf" wurde unterschätzt. Das heißt, wenn im Kopf des Mitarbeiters der Gedanke vorherrscht, „Verkaufen" ist negativ, helfen weder ein sachliches Gespräch noch eine Schulung zum Thema Verkauf. Besser wäre gewesen, die „innere" Einstellung vorab zu klären und über positive Beispiele einen berechtigten „Zweifel" zu säen, damit ein Umdenken überhaupt möglich ist.

Typische Stolpersteine waren:
Ein großes Thema war die zeitliche Planung: Wie lange dauert die Umgewöhnungsphase, wann ist der Erfolg sichtbar? In einem Unternehmen sind Zahlen ein sehr wichtiger Indikator. Damit sich der Erfolg auch in realistischen Zahlen niederschlägt, braucht es einen vernünftigen Rahmen. Oft passiert es, dass zu Beginn die Zahlen sehr stark nach oben gehen, um dann wieder stark abzufallen. Hier benötigt man Geduld, Verständnis und viel Motivation – Motivation von außen wie auch von innen.

Ein weiterer Stolperstein war zu akzeptieren, dass es (wenige) Mitarbeiter gibt, die diesen Weg nicht mitgehen können und wollen.

! *Tipps aus der Praxis:*
Je klarer der Weg beschritten wird, desto überzeugter folgen die Mitarbeiter. Wichtig ist, die Mitarbeiter einzubinden und sie auf dem Weg des Wandels zu begleiten. Es gilt, diesen Wandel als kontinuierlichen Prozess zu verstehen, um auch immer besser zu werden. In Teilbereichen ist externe Unterstützung (Workshop, Training) sehr hilfreich, da zum einen Erfahrung eingekauft wird und zum anderen ein weiterer Blickwinkel einfließt.

Wir werden es wieder so machen, weil ...
... der Erfolg uns recht gegeben hat und wir dank unserer Erfahrungen immer besser werden.

Fazit
Achten Sie besonders auf die innere Einstellung der Agents – hier liegt häufig der größte Stolperstein. Der Verkauf wird nur funktionieren, wenn der Mitarbeiter ihm positiv gegenüber steht.

10. Erfolgreich implementiert – und dann?

Mit der einfachen Entscheidung, jetzt Zusatzverkäufe anzubieten, ist es in den seltensten Fällen getan. Die meisten Unternehmen beginnen halbherzig mit der Einführung und verkennen die weitgehenden Ausmaße. Mit der Implementierung setzt auf mehreren Ebenen der Paradigmenwechsel im Unternehmen ein.

Definition: Paradigmenwechsel
Unter Paradigmenwechsel versteht man eine wichtige qualitative *Änderung von Denkmustern*. Das kann eine radikale Änderung im persönlichen Glauben, in komplexen Systemen oder in Organisationen sein. Die ehemalige Art und Weise des Denkens oder des Organisierens wird durch eine radikal andere ersetzt.

Die Veränderung in den Denkweisen betrifft die Ebene der Agenten ebenso wie die des mittleren und oberen Managements. In diesem Kapitel erfahren Sie, wie Sie durch Maßnahmen der Qualitätsbewertung und Motivation langfristig den Unternehmenserfolg sichern.

Faktoren der Qualitätsbewertung

Verschiedene Faktoren spielen bei der Beurteilung der Qualität des verkaufsaktiven Call-Centers eine Rolle. Beim Inbound-Call zählen die Beratung, kaufmännischer oder technischer Support. Beim Up- und Cross-Selling lassen sich folgende Komponenten festlegen:
- Ansprache/Angebot,
- Beratung,
- Bedarfserkennung,
- Kaufsignale,
- Verkauf/Abschluss.

Phasen des Up- und Cross-Sellings

Wir unterscheiden fünf Phasen im Inbound, die unterschiedlich von Erfolg gekrönt sind:

1. Phase: Im Inbound-Call findet eine kurze Produktansprache statt. Der Abschluss oder Verlauf ist optional. Diese Phase bedeutet einen geringen Erfolg.

2. Phase: Im Inbound-Call findet eine Produktansprache unter Verwendung von Nutzenargumenten statt. Der Abschluss oder Verlauf ist optional. Diese Phase bedeutet ebenfalls einen geringen Erfolg.

3. Phase: Im Inbound-Call findet eine Produktansprache unter Verwendung von Nutzenargumenten statt. Die Produktberatung findet unter der Verwendung von Zusatzargumenten statt. Der Abschluss oder Verlauf ist optional. Diese Phase bedeutet einen gesteigerten Erfolg.

4. Phase: Im Inbound Call werden konkrete Kaufsignale erkannt. Die Produktansprache findet unter Berücksichtigung der Signale statt. Der Abschluss oder Verlauf ist optional. Diese Phase bedeutet eine weitere Verkaufssteigerung.

5. Phase: Im Inbound-Call werden konkrete Kaufsignale erkannt und der Kundenbedarf wird geweckt. Die Produktberatung findet unter Berücksichtigung der Signale statt. Der Abschluss oder Verlauf ist optional. Diese Phase bedeutet eine weitere Verkaufssteigerung und das Ziel ist erreicht. Es ist eine optimale Verbindung zwischen Beratung und Verkauf.

Lerneffekt aus den Phasen des Inbound-Verkaufs

Erfolgreiches Up- und Cross-Selling definiert sich durch die Atmosphäre zwischen Mitarbeiter/in und Kunde. Ein positiver Einflussfaktor ist die Attraktivität des Produkts/der Dienstleistung.

Ein guter Inbound-Mitarbeiter ist die beste Voraussetzung für Up- und Cross-Selling, sofern er über die generelle Bereitschaft zum

Verkauf verfügt. Erfolgreiches Up- und Cross-Selling wird durch den Kunden nicht als direkter Verkauf, sondern als Beratung für eine optimale Nutzung des vorhandenen Produktportfolios mit klarem Mehrwert für den Kunden empfunden.

Wie wird die Qualität im Verkauf gemessen?

Es ist wichtig, dass Sie vorab die Ziele von Up- und Cross-Selling definieren. Was genau soll erreicht werden:

- hohe Erfolgsquoten,
- niedrige Stornoquoten,
- zufriedene Kunden?

Aus der Zieldefinition lässt sich das adäquate Mittel zur Qualitätssicherung herleiten. Zur Qualitätssicherung gehören viele Elemente. Am sinnvollsten ist es, mehrere Elemente miteinander zu kombinieren. So ist zum Beispiel oft eine Verknüpfung von Mystery Calls und Coaching on the job zielführend.

Tools zur Qualitätssicherung

Folgende Tools eignen sich zur Qualitätssicherung:

- Coaching on the job,
- Trainingsmaßnahmen/Aufbautraining,
- Mystery Calls,
- Kundenbefragungen,
- Silent-Monitoring,
- Gesprächsaufzeichnungen (zum Beispiel im Bankensektor),
- tägliche Auswertung des Reporting.

Klären Sie vorab, in welcher Frequenz die Qualitätssicherung stattfinden soll und wer sie durchführen wird. Davon ist ebenfalls abhängig, wer noch an den Schulungsmaßnahmen teilnehmen wird.

> *Tipps aus der Praxis*
> Zu Beginn der Implementierung des Inbound-Sales ist ein regelmäßiges Coaching in kurzen Abständen sinnvoll. Die Abstände sollten höchstens zwei Wochen betragen, wenn möglich sogar nur eine. Nur so können die Mitarbeiter/innen bei ihren ersten Erlebnissen direkt unterstützt werden und es kann sofort gegengesteuert werden.

Zusätzliches Management
Zusätzliches Management ist für die Steigerung der Qualität notwendig.

Sales Skill für die Mitarbeiter/innen
Gerade im Inbound-Bereich ist die Veränderung bei den Skills der Mitarbeiter/innen Voraussetzung für den erfolgreichen Verkauf. Folgende Punkte empfehle ich besonders intensiv zu trainieren und zu coachen:

- Erkennen der Kaufsignale,
- richtige Beratung,
- Abschluss des Verkaufsgesprächs.

Erfolgreicher Sales definiert sich durch die positive Atmosphäre zwischen Agent und Kunden. Wichtige Einflussfaktoren sind immer das Produkt und die interne Unterstützung. Die beste Voraussetzung für Inbound-Sales ist, wenn der Mitarbeiter über die generelle Bereitschaft zu verkaufen verfügt.

Wie Motivation gelingt – und wie nicht

Dieses Thema ist erfolgsentscheidend für den Verkauf der Zusatzangebote. Die Motivation ist nicht alleine abhängig vom Unternehmen, sondern ebenfalls von jedem Einzelnen.

Die Motivation der Mitarbeiter/innen findet extern wie intern statt (extrinsisch/intrinsisch). Sie kann also bedingt vom Unternehmen gesteuert werden.

Motivation alleine durch Prämien und Provisionen funktioniert nicht langfristig, hier spielen mehrere Faktoren eine Rolle.

Die folgende Ideenliste der Mittel zur Motivation können Sie ergänzen und auf Ihr eigenes Unternehmen übertragen. Alle genannten Punkte werden bereits in verschiedenen Unternehmen umgesetzt. Denken Sie daran: Der wichtigste Motivationsfaktor ist immer noch die positive Ansprache der Mitarbeiter/innen – Lob und Wertschätzung!

Mittel zur Motivation

- Veröffentlichung in firmeneigener Zeitung,
- Sommerfest mit Kunden, Mitarbeiter/innen und Angehörigen,
- Reise (Jahresincentive),
- Gutscheine (Reise, Kaufhaus, Kosmetik, Tanken ...),
- Tageswettbewerbe,
- Candlelight Dinner, Kino, Konzert als Prämie,
- Merchandisingartikel,
- Mitarbeiter/innen einbeziehen, zum Beispiel für Coachingtermine und gegebenenfalls Entscheidung überlassen,
- Aufgabenanreicherung,
- Obstteller, Weihnachtsgebäck,
- Teamwettbewerbe,
- jährliches Teamfeedback (jeder bewertet jeden),
- Vergünstigungen für eigene Produkte,
- Spaß machen und vermitteln,
- Teamleiter verteilen Kuchen, backen Waffeln, es gibt ein Weihnachtsbacken,
- Teambarometer (monatlich) mit neutraler Auswertung,
- persönliche Ansprache,
- jede/r Mitarbeiter/in hat eine Aufgabe, die dem Team zugute kommt,
- Geburtstagstisch schmücken,
- Verkleidung zu Rosenmontag,
- Fotos von neuen Teammitgliedern werden ins Intranet gestellt,
- nonverbales Kommunikationsforum (schwarzes Brett).

Die eigene Motivation – der Wille zum Erfolg

Es gibt zwei Dinge, die Menschen zum Erfolg motivieren: Inspiration und Verzweiflung!
Anthony Robbins

Jeder Mensch ist unterschiedlich motiviert und motivierbar.

Motivation ist ein emotionales Geschehen. Der Zustand persönlicher Motivation ist beeinflussbar – durch den Menschen selbst wie auch durch andere. Um erfolgreich zu sein und zu bleiben, sollte der eigene Motivationspegel hoch sein. Denn: Den Schlüssel zum Erfolg haben der Agent und die Führungskraft selbst in der Hand.

Aber wie wird Erfolg definiert?

Jeder definiert Erfolg anders. Es ist wichtig, die eigenen Kriterien zu kennen. Natürlich ist im gesellschaftlichen Kontext das Thema **Verdienst** ein Indikator für Erfolg; ob das für jeden immer so passt, ist die zweite Frage. Was sind dann die eigenen Kriterien? Und durch was und wen werden die Mitarbeiter/innen motiviert?

> *Tipps aus der Praxis*
> Auch hier gilt: Visualisieren Sie Ihre Ziele und Ihre Vision. Das trägt zur Motivation bei und hilft durchzuhalten.

Unter Motivation versteht man den Wunsch eines jeden Menschen, etwas zu gestalten, auszuprobieren oder zu bewirken. Jeder ist also grundsätzlich motiviert, wenn auch in unterschiedlichem Maße. Die Beweggründe, warum man etwas macht, sind so vielfältig wie die Menschen selbst.

Hinweis:

Fremdsteuerung – das so genannte Motivieren – ist daher auf Dauer nicht möglich.

Verhaltensänderung braucht Unterstützung

Elisabeth Maser

Haben Sie sich auch schon einmal vorgenommen, mehr Sport zu treiben? Oder nächsten Montag wirklich mit der Diät anzufangen? Was ist daraus geworden? Wahrscheinlich ist es Ihnen ähnlich wie mir ergangen: nichts von Dauer.

Warum sollten Ihre Mitarbeiter im Umsetzen von Verhaltensänderungen besser sein? Es ist ein großer Irrtum zu glauben, dass Ihre Mitarbeiter hochmotiviert aus dem Training kommen und innerhalb weniger Tage viele ihrer Verhaltensweisen ändern.

Unterstützung anbieten
Verhaltensänderung benötigt Unterstützung. Das heißt, nach dem Training benötigen die Mitarbeiter Ihre Hilfe, um das neue Wissen in den Alltag zu integrieren.

Folgende Maßnahmen helfen, den Prozess zu unterstützen:

- Die Maßnahme muss im ganzen Haus anerkannt und unterstützt werden.
- Ihr Verhalten hat eine Vorbildfunktion.
- Bieten Sie Coaching on the Job an – am besten durch den Trainer des Up- und Cross-Selling-Trainings und sein Team, da die Akzeptanz der Mitarbeiter dann am größten ist.
- Zeigen Sie viel Geduld, da jeder Mitarbeiter einen anderen Zeithorizont benötigt, um das Wissen umzusetzen.
- Loben Sie!
- Um den kreativen Umgang und die Experimentierfreude zu steigern: Verwenden Sie von einzelnen Teams entwickelte Poster mit Einstiegssätzen, Wortwahl-Vorschlägen, Nutzenargumenten, Abschlusssätzen, Fragemöglichkeiten etc.
- Bieten Sie Auffrischungstrainings an.
- Bilden Sie hauseigene Coaches aus, die auf das Thema spezialisiert sind.

Was passieren kann, wenn man nach dem Training glaubt, dass die Mitarbeiter jetzt gut gerüstet sind und schon alleine zurechtkommen, konnten wir bei einem groß angelegten Projekt sehen.

Der Auftraggeber hatte den technischen Support durch einen externen Dienstleister abgedeckt und den Dienstleister aufgefordert, innerhalb von zwei Wochen Up- und Cross-Selling in der Hotline zu integrieren. Nach kurzem Überlegen beauftragte uns der Dienstleister, die Mitarbeiter in kurzen Trainingssequenzen mit dem nötigen Wissen zum Verkauf am Telefon auszustatten. Schnell wurde klar, dass nur das Wissen allein nicht ausreicht, da viele Mitarbeiter sich als Helfer und nicht als Verkäufer sahen. Deshalb wurde in den Trainings ein Baustein zum Thema „Change Mind" eingebaut. Innerhalb kurzer Zeit wurde nun eine große Anzahl an Mitarbeitern geschult.

Erfolgsstatistiken
Um den Erfolg der Trainingsmaßnahme auch gegenüber dem Auftraggeber zu dokumentieren, wurden Statistiken über die Verkaufserfolge geführt.

Zu Beginn der Aktion war der Verkaufserfolg gering, da zu diesem Zeitpunkt noch nicht alle Mitarbeiter geschult waren. Dann stieg die Verkaufskurve stark an, da die Mitarbeiter versuchten, das erlernte Wissen umzusetzen. Kurz darauf fiel die Kurve wieder überdurchschnittlich stark ab. Erst nach diesem Einbruch und daraus resultierend natürlich auch Druck des Auftraggebers fing der Dienstleister an zu überlegen, was der Auslöser für die stark rückläufigen Verkaufsquoten war. Zum Glück konnten wir mit einem Sofortplan eingreifen und durch intensives Coaching on the Job und viele der oben genannten Maßnahmen das Ruder herumreißen.

Mystery Calls als Lösung
Eine Möglichkeit, um nach der Implementierung von Up- und Cross-Selling die Gesprächsqualität sicherzustellen, sind Mystery Calls, also Test-Anrufe. Mit gut vorbereiteten Mystery Calls sind Sie in der Lage, Schwachstellen gezielt zu erkennen. Um mit die-

ser Methode objektive Ergebnisse zu erhalten, sind einige Dinge zu beachten:

- Nutzen Sie für die Qualitätsmessung die Erfahrung eines Experten und vergeben Sie den Auftrag an einen guten Dienstleister. So sind Sie vor der Gefahr des „Nasenfaktors" geschützt.
- Der Dienstleister kennt Ihre Mitarbeiter nicht und kann so objektiv bewerten. Interne Gegebenheiten sind dem Dienstleister nicht bekannt, und die Verkaufsaktivitäten werden unverfälscht beurteilt.
- Stellen Sie vor der Auftragsvergabe sicher, dass der Dienstleister nicht Ihr Call-Center mit einem anderen Call-Center testet, sonst ist die Objektivität stark gefährdet.
- Stimmen Sie mit dem Dienstleister genau ab, auf welche Kriterien geachtet werden soll. Hierbei ist Ihr hausinterner Coachingbogen eine gute Grundlage. Auch hier profitieren Sie von der Sicht eines Experten, der Erfahrungen aus anderen Projekten mit in seine Arbeit einfließen lässt. Sie sparen außerdem wertvolle Arbeitszeit und müssen das Rad nicht neu erfinden.
- Führen Sie in regelmäßigen Abständen Mystery Calls durch, um Vergleichswerte zu erhalten. So können Sie eine Entwicklung erkennen und bei einer Schieflage schnell gegensteuern. Bei der nächsten Messung erfahren Sie dann, ob Ihre Maßnahmen erfolgreich waren.
- Beziehen Sie Ihre Mitarbeiter unbedingt in den Prozess mit ein. Viele Untersuchungen haben gezeigt, dass für Agenten ein Feedback ihrer Leistungen ein wichtiges Kriterium für einen guten Arbeitsplatz ist.

Dazu einige Beispiele aus der Praxis:
Einer unserer Kunden lässt den Kundenservice seiner Bank testen. Die Hotline wird von einer Tochtergesellschaft des Kunden betrieben. Das Projekt ist sehr aufwändig gestaltet, da sich ein Teil der Szenarien nur mit „echten Kunden", die als Mystery Caller qualifiziert wurden, durchführen lässt. Bei der Ergebnispräsentation sind drei Vertreter des Auftraggebers, der Geschäftsführer des Tochterunternehmens, der Trainer sowie zwei Teamleiter anwesend.

Beim Vorstellen des Ergebnisses lassen sich ganz klar Schwächen im Service lokalisieren. Natürlich sprechen wir Handlungsempfehlungen aus, um den Kundenservice zu verbessern. Das Tochterunternehmen vereinbart mit dem Mutterkonzern einen Veränderungsplan.

Ende der Geschichte? Noch nicht ganz. Ein Jahr später wendet sich die Bank erneut an uns, um den Service zu testen. Der Zeitraum ist zwar länger als gedacht, aber das kann passieren. Wir sind natürlich schon ganz neugierig, wie sich der Kundenservice verändert hat. Nach dem ersten Treffen wird klar, dass die Bank bei diesem Durchlauf völlig andere Geschäftsprozesse testen möchte.

Das Unternehmen weiß bis heute nicht, ob sich das Verhalten der Mitarbeiter verändert hat. Wie Sie sich erinnern, war das Projekt sehr aufwändig, und viele Mitarbeiter des Mutterkonzerns und der Tochtergesellschaft waren für das Projekt im Einsatz. Es wurde viel Geld für die erste Messung des Ist-Zustandes investiert. Da keine vergleichbare Folgemessung durchgeführt wurde, konnten weder positive noch negative Veränderungen festgestellt werden. Das Projekt hat der Bank in der Entwicklung des Kundenservice nicht geholfen.

Tipps aus der Praxis
Nach dem Motto „Wasch mich, aber mach mich nicht nass" vorzugehen, ist eine schlechte Basis für eine Veränderung.

Und noch ein Beispiel:
Einer unserer langjährigen Kunden ist sehr daran interessiert, den Kundenservice zu verbessern. Das Unternehmen hat sowohl eine Inhouse-Betreuung als auch einen externen Dienstleister für die Erstbetreuung der Kunden und Interessenten.

Um eine Rundumsicht auf den Service zu ermöglichen, führen wir in jedem Quartal Mystery Calls wie auch Befragungen von Beschwerdekunden durch. Bei der Ergebnispräsentation sind die hausinternen Verantwortlichen für das Inhouse Call-

Center und die Steuerung des Dienstleisters anwesend. Die Ergebnisse werden vor Ort besprochen und Handlungshinweise werden gemeinsam diskutiert, um die Gründe für das Ergebnis gemeinschaftlich zu klären. Es werden auch sofort umsetzbare Maßnahmen abgesprochen.

In einem Test stellte sich heraus, dass eine immer wiederkehrende Kundenanfrage von den Agenten nicht beantwortet werden konnte. Wo lag der Hase im Pfeffer? Dem externen Dienstleister fehlte ein Datenblatt. Ohne die Mystery Calls wäre der Fehler nicht aufgefallen, dabei war er ganz einfach im Unternehmen zu lokalisieren und ließ sich schnell beheben.

Der Optimierungswille des Kunden hat dazu beigetragen, dass er bereits mehrfach in den Fachzeitschrifen „TeleTalk" und „Test" als der Anbieter mit dem besten Kundenservice ausgezeichnet wurde.

Außerdem hat der Kunde die Gehaltszulage all seiner Mitarbeiter abhängig von der Qualität des Kundenservice gemacht. Das Verhalten aller Abteilungen gegenüber dem Kunden wird mittels einer vierteljährlichen Befragung kontrolliert. Aus dem Ergebnis wird ein Qualitätsindex erstellt, der als Grundlage für die Gehaltszulage dient.

In einem anderem Projekt testen wir den Kundenservice eines Versorgungsunternehmens. Auch hier sind nur Tester im Einsatz, die „echte Kunden" des Unternehmens sind, da sich sonst die Geschäftsprozesse nicht abbilden lassen.

Nach der Absprache des Projektes haben wir von unserem Kunden zu jedem einzelnen Testhintergrund genaueste Informationen erhalten, wie der Mitarbeiter zu reagieren hat. Wir sind etwas erstaunt über die Flut an Informationen und erkundigen uns, ob die Mitarbeiter alle diese ausgefeilten Handlungsabläufe kennen. Man versichert uns, dass alle Mitarbeiter die Vielzahl der Prozesse beherrschen.

Das Ergebnis der Mystery Calls lässt einen ganz anderen Schluss zu.

1. Die Mitarbeiter kennen einen Großteil der Handlungsabläufe nicht.
2. Die Mitarbeiter kennen die Handlungsabläufe, ignorieren sie aber.
3. Die Mitarbeiter sind mit der Vielzahl der Handlungsabläufe überfordert.
4. Die Führung der Mitarbeiter achtet nicht auf das Einhalten der Handlungsabläufe.
5. Bei der Vorbereitung der Informationen für uns hat man sich nicht an der Realität orientiert, sondern uns die Idealvorstellungen aufgezeigt.
6. Und vieles mehr …

Da bei den Mystery Calls auch immer das Empfinden aus Sicht des Kunden erfragt wird, zeigt das Ergebnis, dass die hausinterne Uneinigkeit über Vorgehensweisen und Anzahl der Prozesse sich auch nach außen abbildet. Viele der Tester fühlen sich schlecht betreut, da die Mitarbeiter desinteressiert wirken und teilweise nicht einmal mehr vertragsrelevante Daten erfragen.

Ein weiteres **Beispiel** zeigt, wie mit Mystery Calls die Verkaufstätigkeit von Agents bewertet und das Engagement gesteigert werden kann. Im Auftrag eines Trainingsunternehmens führen wir monatlich Mystery Calls durch, um die Verkaufsqualitäten der Mitarbeiter am Telefon zu bewerten. Die Besonderheiten an diesem Auftrag:

- Die Gespräche werden auf der Grundlage des Coachingbogens des Trainingsunternehmens bewertet.
- Die Mystery Calls werden mitgeschnitten und dem Trainingsunternehmen zur Verfügung gestellt. Natürlich haben alle Mitarbeiter hierfür eine Einwilligungserklärung unterschrieben.
- Jeder Mystery Call wird am Ende des Gesprächs aufgelöst, und der Mitarbeiter erhält ein „Sofortfeedback" aus Kunden-

sicht. Hierfür sind nur Tester mit Feedbackschulung und entsprechender Erfahrung im Einsatz.

- Der Mitschnitt des Gesprächs wird vom Trainingsunternehmen im Einzelcoaching genutzt.
- Zusätzlich erfolgt ein Quartalsbericht über das Gesamtprojekt mit einem Vergleich über die Laufzeit.

Das Projekt läuft bereits seit zwei Jahren. Anfänglich haben die Mitarbeiter die Mystery Calls gehasst, weil sie das Gefühl hatten, kontrolliert zu werden. Inzwischen warten sie sehnsüchtig auf die Mitschnitte, weil sie erkannt haben, welch tolle persönliche Fortschritte sie erzielen können.

Jeder Mitarbeiter hat seiner Leistung gegenüber eine sehr kritische Einstellung. Viele Verhaltensweisen werden vom Mitarbeiter viel härter beurteilt als von Kunden. Das heißt, die Möglichkeit, die Fähigkeiten des Mitarbeiters anhand des auch mitgeschnittenen Feedbacks zu loben, sind viel größer als bei jeder anderen Form der Bewertung. Hier ist der Mitarbeiter emotional in den Prozess eingebunden.

Fazit

Die Implementierung des verkaufsaktiven Call-Centers bedeutet ein generelles Umdenken. Es ist notwendig, dass der Mind Change durch alle Ebenen im Unternehmen geht, damit die Implementierung auf Dauer wirkt.

Up- und Cross-Selling ist ein nachhaltiges Konzept, bei dem kurzfristiges Action Management verschwendetes Geld ist.

Nur mit einem ganzheitlichen Ansatz erreichen Sie langfristige Erfolge!

11. Das verkaufsaktive Call-Center als Profit-Center

In diesem abschließenden Kapitel geht es nun um den Profit: Ab wann tritt er ein und wie wird das Call Center zum Profit-Center?

Eine ganzheitliche Betrachtung

Manfred Stockmann

Um die Frage, wann der Profit eintritt, abschließend beantworten zu können, bedarf es einer ganzheitlichen Betrachtung des Umfeldes. Zunächst wäre da der Begriff „Profit-Center" genauer zu definieren:

- Wird in einem Unternehmen darunter verstanden, dass das Call-Center (die Organisationseinheit) sich vollständig selbst tragen soll,
- oder soll es nur einen Beitrag zur Kostendeckung zusteuern und, wenn ja, in welcher Größenordnung ist das realistisch?

Und dann ist da noch die Frage, wie man den Erfolg misst. Nehmen wir folgendes Beispiel einer portugiesischen Direktbank, die ich im Frühjahr 2006 mit mehreren Workshops zum Thema „Das Call-Center als Profit-Center" begleitete.

„Vergleichskampf"

Aufgrund der Erkenntnisse aus den ersten Workshops wollte man vor einer Entscheidung für ein Outsourcing einen „Vergleichskampf" durchführen. Man beauftragte je eine Pilotgruppe bei zwei potenziellen Outsourcing-Partnern, mit denen auch bisher schon einzelne Kampagnen durchgeführt worden waren, und eine Gruppe im eigenen Call-Center. Alle drei Gruppen bekamen den Auftrag, in möglichst vielen Gesprächen der kommenden vier Wochen auch einen Verkaufsansatz einzubringen.

Alle Teams hatten die gleichen Informations- und Systemzugriffsmöglichkeiten über die Anrufer. Die Agenten des hausinternen Teams hatten allerdings erst kurz zuvor spezielle Verkaufstrainings absolviert.

Nach vier Wochen zog man Bilanz. Outsourcer-Team A hatte in fast jedem Gespräch seinen Verkaufsansatz eingebracht und bei 22 Prozent der Kontakte damit einen Erfolg erzielt. Outsourcer-Team B schaffte 20 Prozent. Im internen Team C entschied man anhand der Kundengeschichte, des Gesprächsanliegens und -verlaufs, ob man einen Verkaufsansatz einbringen wollte. Am Ende des Vergleichszeitraums erreichte Team C eine Erfolgsquote von 16 Prozent. Auch im umgesetzten Volumen führte Team A knapp vor den beiden anderen.

Aufgrund solcher Vergleichsergebnisse wird dann in der Regel bereits eine Entscheidung getroffen, und die würde in 99 von 100 Fällen bestimmt zugunsten von Team A ausfallen, weil es das beste Ergebnis erzielt hat.

Was die Anrufer, die sich nicht zu einem Zusatzkauf überreden ließen – aber auch die, die eine Kaufzusage gemacht hatten – , von dem Kontakterlebnis hielten, bleibt im Allgemeinen außerhalb jeder Betrachtung. In unserem Beispiel wurde dazu zeitnah eine Kundenbefragung bei den Anrufern des betreffenden Zeitraumes beauftragt. Es zeigte sich, dass Team C mit Abstand die besseren Noten für Orientierung am Kundenbedarf, Einfühlungsvermögen, Vertrauens-/Glaubwürdigkeit und auch künftige Kaufbereitschaft des Anrufers bekam.

Neubewertung und -ausrichtung
Die Ergebnisse dieses Vergleichs und der Befragung führten im weiteren Projektverlauf zu einer Neubewertung und -ausrichtung des gesamten Customer-Service-Ansatzes. Man erkannte, dass kurzfristige Verkaufserfolge nicht unbedingt auch langfristige Kun-

denbindung und Kundenwertschöpfung garantieren und dass es einer kontinuierlichen Investition in den Kundenkontakt und der Hilfe mehrerer Kenngrößendimensionen bedarf.

Langfristige Konzepte
Für Inhouse-Center, die gleichzeitig auch Service (von der Informationsbereitstellung über Hilfestellungen bis hin zu Reklamationsbearbeitung und gegebenenfalls Kündigerprävention/-rückgewinnung) leisten sollen, ist es sehr wichtig, ein längerfristig tragfähiges Konzept zu haben, das über die nächsten Quartalszahlen hinausgeht.

Das Beherrschen von Verkaufstechniken ist das eine, die Fähigkeit, eine über den Verkauf hinaus nachhaltig angenehme Beziehungsebene zum Kunden zu schaffen, etwas anderes. Dazu benötigt man einige weniger leicht antrainierbare Fähigkeiten.

Beispiel:
Ein großes internationales Direktvertriebsunternehmen US-amerikanischer Herkunft betreut seine Top-Partner für mehrere Länder aus einem Call-Center in Deutschland; es handelt sich überwiegend um Inbound-Gespräche, Outbound findet nur bei Rückrufen oder speziellen Terminbestätigungen statt. Das heißt, die Top-Partner rufen dort an, informieren sich über aktuelle Produkte, Neuerungen, Vertriebs- oder Schulungsveranstaltungen und bestellen natürlich auch Waren für ihre Handelsorganisation.

Jetzt liegt es natürlich nahe, die Gelegenheit zu nutzen und klassisches Up- und Cross-Selling zu betreiben. Dies wurde zunächst auch umgesetzt.

Doch warum entwickelt sich dieses Call-Center wesentlich erfolgreicher und bekommt auch bessere Servicenoten als die europäischen Partner?

Dem liegt ein spezielles und auch über mehrere Jahre stufenweise aufgebautes **Mitarbeiterentwicklungskonzept** zugrunde. Man nutzt die zunehmende fachliche Qualifikation der

Mitarbeiter, entwickelt über Trainings die notwendigen methodischen Kenntnisse und verlässt auch das „geschützte" Call-Center. Die Mitarbeiter des Call-Centers sind zu einer Art Botschafter für die Marke und die Produkte nach innen und außen geworden. Sie besuchen Kunden- und Vertriebsveranstaltungen der Top-Partner und unterstützen dort mit ihrem Wissen. Sie übernehmen bei den regelmäßigen Top-Partnertreffen vor Ort die Rolle der Guides und kümmern sich um alles, was den Top-Partnern den Rücken frei hält und zu einer gelungenen Veranstaltung beiträgt. Damit stehen sie im direkten persönlichen Kontakt mit „ihren" Kunden, mit denen sie regelmäßig telefonieren. Die so entstandene Vertrauensbasis und das Wissen um den Bedarf des Anrufenden ermöglichen es ihnen, erfolgreicher im Zusatzverkauf zu sein.

Abgesehen davon, dass die Arbeit abwechslungsreicher geworden ist, liegt die Fluktuation nach außen seit Jahren bei annähernd null Prozent (die Entwicklung auf andere Positionen intern wird gezielt gefördert) und die Krankenquote hat sich annähernd halbiert. Heute ist man so weit, dass man dieses Konzept auch im amerikanischen Headquarter präsentieren soll.

Und doch gibt es auch hier einen Stolperstein, der dem einen oder anderen Leser in seinen Grundzügen nicht gänzlich fremd sein dürfte: Das europäische Controlling nämlich vergleicht dieses Call-Center mit anderen Call-Centern im Konzern nur auf der Basis der Produktivität geleisteter Stunden und notwendiger Kapazitäten. Und bei dieser Betrachtung zieht unsere deutsche Call-Center-Managerin den Kürzeren. Daher bereitet sie sich nun vor, den betriebswirtschaftlichen Nutzen des Konzeptes in Zahlen zu fassen, um damit für die anstehenden Diskussionen gerüstet zu sein. Es bleibt zu hoffen, dass das Management einen größeren Weitblick zeigt und die ganzheitliche Kundenorientierung in den Vordergrund stellt.

Beispiel:
Einen ähnlichen Weg der direkten Kundenbeziehung hat auch Clemens Herforth, Leiter des Customer Care Centers der Ganzoni GmbH Deutschland, beschritten. Das Kerngeschäft von Ganzoni SIGVARIS® ist seit 40 Jahren die Kompressionstherapie als Problemlösung für Menschen mit Venenleiden. Dabei ist das Unternehmen Marktführer in vielen Ländern und unterhält zehn Betriebe auf drei Kontinenten mit mehr als 1 000 Mitarbeitern sowie Vertretungen in mehr als sechzig Ländern.

Was die Wenigsten wissen: Kompressionsstrümpfe sind High-Tech-Produkte. Früher waren die Mitarbeiter dafür da, die Bestellungen der Sanitätshäuser entgegenzunehmen und Fragen zur Handhabung zu beantworten. Dies geschah mehr oder weniger einheitlich, je nach Vorbildung der Mitarbeiter. Damit war auch klar, dass die Qualität der Aussagen sehr uneinheitlich sein musste und eine wirkliche Vertretungsmöglichkeit untereinander ebenfalls nicht gegeben war. Hier bestand Handlungsbedarf.

Heute funktioniert dies einheitlich, strukturiert und kundenfokussiert. Darüber hinaus geben die entsprechenden Mitarbeiter ihre täglichen Gesprächserfahrungen und die Rückmeldungen der Kunden an die Produktion und Entwicklung weiter, pflegen und erweitern zeitnah die Wissensdatenbank sowie in engem Austausch mit dem Außendienst auch die Kundendatenbank. Zudem führen sie Up- und Cross-Selling durch.

Aufgrund der unterschiedlichen Vorbildung der Mitarbeiter war es zunächst notwendig, hier eine Angleichung herzustellen. Der Weg dahin führte über ein spezielles Schulungsprogramm, von der Theorie in die Praxis, das die Mitarbeit in der Produktion, die Unterrichtung durch Fachärzte, die Visitation eines Operationstages in einer Klinik und die regelmäßige Begleitung des Außendienstes zu den Sanitätshäusern beinhaltet. Ein speziell abgestimmtes Verkaufstraining mit nachfolgenden Auffrischungen und Vertiefungen gehört natürlich auch dazu.

Dieser völlig neue Blick auf das Produkt, seinen Einsatz und die damit einhergehenden Anwenderanforderungen sowie der persönliche Kontakt zu den Kunden (Inhabern und Angestellten der Sanitätshäuser oder Kliniken) ermöglicht es, ihnen bedarfsgerechte Angebote zu machen, die auch gerne angenommen werden. Die Kombination von fachlichen Gesprächen auf Augen- (beziehungsweise Ohren-)höhe und gelebter Kundenbeziehung mit einem Gespür für die Kundensituation führten zu einem Erfolg, der auch von unabhängigen Stellen, wie dem Marktforschungsunternehmen GfK in seinen Marktstudien, bestätigt wurde.

Und Clemens Herforth ist bereits dabei, sich über weitere Kundenbindungsansätze Gedanken zu machen, die auch durchaus jenseits der Kernprodukte liegen könnten.

Dies sind zwei Beispiele, die zeigen, dass Call-Center über ihre Grundfunktion hinaus wirkungsvoll für den Unternehmenserfolg tätig sein können, wenn ihre Einbindung ganzheitlich betrachtet wird und nicht nur an wenigen und in der Gesamtheit ungeeigneten Kennzahlen gemessen wird. Natürlich gilt es auch hier immer, das betriebswirtschaftliche Verhältnis zwischen Aufwand und Ertrag im Auge zu behalten und zu erkennen, welcher Aufwand auch eine Investition in die Zukunft sein kann. So wird derjenige erfolgreich sein, der das Prinzip „Tante-Emma-Laden" am besten an die heutigen Bedürfnisse anpassen und weiterentwickeln kann, denn im relativ anonymen Massengeschäft sind bestimmten Konzepten noch immer technische, personelle und prozessuale Grenzen gesetzt.

Beispiel:
Über einen ganz anderen Weg kam ich vor einigen Jahren bei meinem damaligen Reifenhändler an einen kleinen Beratungsauftrag und er und seine Mitarbeiter in der Folge zu einem veränderten Blick auf den Kunden und zusätzliches Absatzpotenzial.

Es handelte sich um einen bereits in der dritten Generation geführten Familienbetrieb mit fünf Niederlassungen in zwei benachbarten Landkreisen, der zu 60 Prozent gewerbliche Kunden, auch mit kleinen bis mittleren Fuhrparks, und zu 40 Prozent Privatkunden bediente. Bei jedem Saisonwechsel gab es immer wieder Personalengpässe, da die Techniker zu diesen Zeiten eben vermehrt auch in der Werkstatt benötigt wurden und das Büropersonal sich nicht mit Technikfragen auskannte.

Die „Beratung" beim Reifenkauf war Technikersache, und da kommt Ihnen vielleicht die Situation bekannt vor, wenn man sich nach neuen Reifen erkundigt. Die erste Frage, die einem meistens gestellt wird, lautet: „Welche Reifengröße brauchen Sie?" Und ich verspreche Ihnen, 80 Prozent der Gefragten können Ihnen diese Frage nicht beantworten. Meist folgt dann noch der belehrende Hinweis: „Steht im Fahrzeugschein."

Direkt danach folgt die Frage: „Welches Fahrzeug und Baujahr?" Bei Fahrzeug können Sie ja noch mithalten, die exakte Typbezeichnung und das Baujahr, wenn nicht gerade relativ neu, bringt uns dann schon wieder ins Grübeln. Und so hat man uns mehr als deutlich vor Augen geführt, dass wir keinerlei Ahnung von Technik haben.

Um uns den Rest zu geben, setzt der Verkäufer noch nach:

„Michelin, Dunlop, Fulda oder welches Fabrikat bevorzugen Sie?"

Alles in allem die besten Voraussetzungen für ein wirklich perfektes Kauferlebnis. Aber der Sachzwang lässt uns halt leidensfähig sein. Als Revanche versucht nun der ein oder andere die möglichst exakten Daten des gewünschten/empfohlenen Fabrikats mit einem Preis zu erhaschen, um sich dann so gerüstet anderweitig nach einem günstigeren Angebot umzusehen.

Dabei könnte alles so einfach sein, es geht nur darum, die freundliche Seite hinter der etwas raueren äußeren Schale hervorzulocken. Ziel des Händlers ist es doch, möglichst viele Reifen beziehungsweise Räder zu verkaufen und dabei vielleicht noch die Kunden dazu zu bringen, anderen von einem tollen neuen Kauferlebnis zu berichten. Im Fall meines Beratungskunden wurde der Leidensdruck noch durch die Tatsache erhöht, dass mittlerweile eine Zubehörkette zwei Niederlassungen im Gebiet aufgemacht hatte und auch bei den Autohäusern entsprechende Saisonangebote angepriesen wurden.

Das Projekt „Emotions-Rad" bestand aus drei Teilen:

- Erstens musste Bewegung in die Kundenorientierung gebracht werden.
- Zweitens galt es, den organisatorischen Prozess neu aufzusetzen
- Drittens sollten die fachlichen und kommunikativen Fähigkeiten zusammengebracht werden.

Die Phase eins hieß, allen Beteiligten klar zu machen, mit welchem Bedürfnis sich ein Kunde an einen Reifenhändler wendet und wie er sich bei der oben geschilderten Behandlung fühlen könnte. Dies wurde mit Hilfe eines Schneiders in kurzen Workshops (drei Gruppen à 180 Minuten) umgesetzt. Ja richtig, die Mitarbeiter sollten sich für ein Fest eine Garderobe zusammenstellen lassen – und da fanden sie sich in einer ähnlichen Situation wieder, wie sie ihr Kunde beim Reifenkauf erlebte:

- „Wie groß?",
- „Welche Konfektionsgröße?",
- „Normale Armlänge oder eher kürzer oder länger?", „Bevorzugen Sie eine 100er Qualität oder vielleicht 120?"
- und so weiter und so weiter.

Dies sind Fragen, die niemand vollständig beantworten konnte, was die Teilnehmer sehr unwissend aussehen ließ. Dann folgte die Frage nach dem persönlichen Gefühl und danach, was man sich in dem Gespräch gewünscht hätte.

Danach kam die gleiche Aufgabe mit einer anderen Gesprächsführung des Schneiders. Diese war am Anlass und Bedarf ausgerichtet; daraus wurden Vorschläge begründet und schließlich unterbreitete der Schneider ein Komplettangebot. Kaum einer konnte auch danach sagen, welche Stoffqualität er jetzt bekommen würde und welche Ärmellänge er hätte, doch alle waren sich einig, in der zweiten Spielsituation eine gute, an ihren Anforderungen orientierte Beratung erlebt zu haben und bestimmt die richtige Garderobe zu bekommen.

Diese Erkenntnis galt es nun, auf das Produkt Reifen/Räder zu übertragen, und gemeinsam fand sich eine Lösung. Jetzt ging der Einstieg über

- „Haben Sie bereits ein konkretes Fabrikat im Auge oder wünschen Sie noch eine Entscheidungshilfe?"

und dann situationsbezogen weiter mit

- „Sind Sie Viel- oder Wenig-Fahrer?",
- „Fahren Sie eher Langstrecken und Autobahnen oder mehr Kurzstecken und Landstraßen?",
- „Sind Sie eher ein komfortbewusster Fahrer oder lieber sportlich unterwegs?".

Erst danach kam die Frage nach dem Fahrzeug und dann die Frage:

- „Haben Sie vielleicht Ihren Fahrzeugschein zur Hand, damit wir noch die zugelassenen Rädergrößen feststellen können?"

Mithilfe dieser Fragen lässt sich auch ein eventueller Zusatzbedarf leichter ermitteln. So wird ein Fahrer, der sich zum sportlichen Fahrstil bekannt hat, leichter zu einem Niederquerschnitt-Breitreifen mit Alufelge zu überreden sein, als die Mutter mit älterem Kleinwagen, die den Wagen hauptsächlich zum Einkaufen und für den Weg zum Kindergarten/zur Schule nutzt.

Wichtig ist, dass die Bedeutung der Bedarfshinterfragung bekannt ist. Mit dem für den Kunden passenden Angebot kann man dann auch seine Kompetenz unterstreichen. Bleiben wir bei unserem Reifenbeispiel:

„Da kann ich Ihnen den Komplettsatz XX mit 45er Niederquerschnitt auf einer schicken sportlichen und vor allem auch speziell wintertauglichen Alufelge für 1 245 Euro anbieten oder den YY schneekettentauglich als 225er auch mit 45er Niederquerschnitt auf der gleichen Felge für 1 185 Euro. Beide Fabrikate haben im ADAC-Reifentest sehr gute Bewertungen bekommen. Die Preise verstehen sich natürlich inklusive Montage. Zum Räderwechseln kann ich Ihnen auch in dieser/der Folgewoche einen Termin anbieten, das wäre beim Neukauf für Sie dann auch kostenfrei."

Bei dieser Form des Angebots kam es sehr selten vor, dass sich jemand noch einmal explizit die genauen Raddaten geben ließ, um vielleicht einen Preisvergleich anzustellen.

Dieses Training der Gesprächsführung war Bestandteil der Phase drei und wurde von dem Kommunikationstrainer eines im Landkreis ansässigen Call-Center-Dienstleisters durchgeführt. Dieses Call-Center kam für die erste Saison auch für die Phase zwei der Prozessorganisation mit ins Spiel. So wurden die entsprechenden Mitarbeiter für die telefonische Bestellannahme und Kaufberatung dort für die Hauptstoßzeit eingesetzt und konnten außer dem Trainer auch die professionelle Technik nutzen.

Der Erfolg in der ersten Saison bestand darin, dass 27 Prozent mehr Verkäufe im Privatkundenbereich erfolgten und insgesamt 40 Prozent mehr Kunden als im Vorjahr auch den zusätzlichen, kostenpflichtigen Einlagerungsservice in Anspruch nahmen.

Für den relativ geringen Trainingsaufwand, der in der Kürze der Zeit möglich war, bedeutete dies einen beachtlichen Erfolg. Viel wichtiger war aber, dass auch die meisten der als eher „service-resistent" eingestuften Techniker richtig Spaß an dieser neuen Art des Beratens und Verkaufens fanden, so dass sie die Aufgabe nach manchmal etwas holprigen ersten „Sprechversuchen" mit viel Engagement und Interesse schließlich doch erfolgreich bewältigten. Und so manche unscheinbare Mitarbeiterin entpuppte sich als Top-Verkaufstalent.

Das System wurde in den schwächeren Zeiten weiter ausgebaut und verfeinert. Bei den Neueinstellungen aber auch in der

Lehrlingsausbildung wurde danach viel Wert auf zusätzliche kommunikative Befähigung gelegt, und das Telefonsystem über die Niederlassungen wurde aufgerüstet, so dass heute „vor Ort" auch in den Spitzenzeiten die telefonische Kundenbetreuung funktioniert – ein Call-Center der etwas anderen Art.

Fazit
Interessant ist vielleicht die Erkenntnis, die Unternehmen gewonnen haben, die ihre Agents auf die Personen-Zertifikatsprüfung zum „Customer Contact Agent CCF" vorbereitet haben. Im Rahmen der Prüfung liegt in einem von drei zu absolvierenden Rollenspielen immer der Fokus auf Zusatzverkauf. Etwa ein Drittel aller Probanden bewältigte diese Übung mit einer besseren Bewertung als die anderen, eher serviceorientierten Rollenspiele – und das obwohl ihr Tagesgeschäft im Service liegt und sie sich den Verkauf selbst gar nicht zutrauen würden. Da scheint doch noch immer ungenutztes Zusatzpotenzial in so manchem Service-Center zu schlummern.

Ein letztes Erfolgsbeispiel

Das folgende Projekt enthält alle im Buch aufgeführten Elemente und konnte mit großem Erfolg abgeschlossen werden.

Beispiel: Technischer Dienstleister

Ausgangssituation
Ein technischer Inbound-Dienstleister hat von seinem Kunden, einem Internetservice-Provider, den Auftrag erhalten, innerhalb kürzester Zeit Up-Selling zu implementieren. Der Dienstleister ist bis dato nicht im Verkauf tätig. Es gibt also keine Erfahrungswerte, weiterhin ist im internen Trainerteam kein Verkaufs-Know-how vorhanden. Das Up-Selling-Produkt soll mithilfe der technischen Hotline verkauft werden. Die dort arbeitenden

Agenten sind als Supporter rekrutiert worden, verkäuferische Fähigkeiten waren bislang nicht gefragt.

Bei der Implementierung besteht Zeitdruck vonseiten des Auftraggebers parallel zum Volumendruck im alltäglichen Geschäft. Dadurch ist wenig Raum für die Trainings- bzw. Coachingeinheiten, und die Gesprächszeiten sollen niedrig gehalten werden. An diesem Punkt ist auch der Kostendruck des Dienstleisters vorhanden, da noch nicht klar ist, wie der Gewinn am Up-Selling-Projekt sein wird.

Verlauf:
Zu Beginn gibt es mehrere Kick-off-Veranstaltungen für die Führungskräfte, um ihnen die Inhalte der Trainingseinheiten vorzustellen und sie für das Projekt zu sensibilisieren. Das Kick-off wird zusammen mit dem zuständigen Abteilungsleiter und dem externen Trainingsinstitut durchgeführt.

Für das Projekt selbst wird ein Projektteam zusammengestellt. Im Team sind auch zwei direkte Führungskräfte, die an den Schulungseinheiten teilnehmen werden.

Ziele sind:
- die Relevanz des Themas durch die besondere Aufmerksamkeit des Managements zu verdeutlichen,
- die Trainer fachlich zu unterstützen,
- die Agenten im Hinblick auf Können und Wollen einzuschätzen,
- Ansprechpartner für die Zeit nach dem Training zu erhalten.

Nach den Trainingseinheiten (jeweils vier Stunden) sollen unterstützende Coachings seitens der direkten Führungskräfte stattfinden. Außerdem sind weitere Auffrischungstrainings geplant.

Die unterstützenden Coachings können intern wegen des Volumen- und Zeitdrucks nicht realisiert werden. Der Effekt ist, dass nach einem ersten Anstieg die Verkaufsquoten nach vier Wochen wieder sinken. Entsprechend lässt auch die Motivation der Agenten nach, weiterhin das Produkt anzubieten. Zusammen mit dem externen Trainingsinstitut werden Maßnahmen ergriffen, um das Verkaufsprojekt nachhaltig zu verbessern.

Folgende Maßnahmen werden durchgeführt:
- Wissenstransfer: Qualifizierung der direkten Führungskräfte,
- Ausbildung einer internen Sales-Trainerin und Begleitung durch Supervision,
- Aufbau von internen Sales-Coaches,
- Durchführung von Auffrischungs-Trainings,
- Coaching on the job: erst durch das externe Trainingsinstitut, dann Übergabe an die internen Coaches. Weitere Begleitung der Coaches durch regelmäßige Supervisionen,
- Silent Monitoring,
- Regelmäßige Managementrunden,
- Gemeinsame Meetings mit dem Auftraggeber, Dienstleister und externem Trainingsinstitut.

1. Ebene: Agent
Jeder Agent erhält ein Up-Selling-Training plus Auffrischungstraining sowie regelmäßiges Coaching on the job. Bei Bedarf wird ein Monitoring mit anschließendem Feedback durchgeführt.

2. Ebene: direkte Führungsebene
Auch die Führungskräfte erhalten ein Up-Selling-Training. Am Anfang steht ein Coach-the-Coach-Training, das bei Bedarf wiederholt wird.

3. Ebene: Inhouse-Trainer
Zu Beginn und bei Bedarf findet ein Training und Coaching der Trainer statt. Monitoring-Maßnahmen sowie Coaching und Training der Agenten geben ihnen ein Feedback zur Umstellung.

4. Ebene: Management
Das Management erhält regelmäßig ein Feedback durch die Teamleiter und Trainer. So kann es die Maßnahmen steuern und über weitergehende Aktionen entscheiden.

Die Implementierung läuft über einem Zeitraum von neun Monaten und kann dann komplett an den Dienstleister übergeben werden.

Das ist weniger gut gelaufen ...
Folgende Stolpersteine treten im Laufe des Projektes auf:

- Eine direkte Begleitung der Agents nach den Trainings ist kaum möglich (hohes Call-Volumen, Zeitdruck).
- Der Mind-Change fehlt zum Teil noch (zum Beispiel bei den direkten Führungskräften).
- Einstellung und Vorannahmen der Agenten erweisen sich als hinderlich.
- Der Verkauf wird als Pflicht gesehen.
- Die Ansprachequote ist zu gering.
- Die Affinität zum und die Identifikation mit dem Produkt fehlen.

Das ist gut gelaufen ...
Dank der Umsetzung des Gesamtkonzepts können die Verkaufsquoten langfristig auf einem hohen Niveau bleiben. Die Agents gewöhnen sich schnell an den Verkauf und bieten Angebote nun selbstverständlich an. Neue Agenten werden bereits mit Blick auf ihre verkäuferischen Fähigkeiten rekrutiert.

Der Dienstleister hat den Verkauf mit in die Gesamtorganisation aufgenommen und bietet nun auch in anderen Projekten Inbound-Sales an. Zusätzlich wurde inzwischen eine Outbound-Abteilung gegründet.

Fazit
Sie haben nun viele Tipps, Ideen und Praxisbeispiele für die Implementierung von Up- und Cross-Selling kennen gelernt. Damit sind Sie gut gerüstet für Ihr eigenes Projekt. Viel Erfolg dabei!

Literaturverzeichnis

acquisa, Extraheft Call Center 2006/2007.
Beutin, N./Schäfer, H.: Cross-Selling. Verdienen mit Zusatzgeschäften, in: Sales Profi 11/2007, S. 20ff.
Booz Allen Hamilton: Retail Banking Studie, in: TeleTalk 11/2007, S. 47.
Elsen, M.: Warum Kunden kaufen, in: acquisa 03/2007.
Frädrich, S.: Günter lernt verkaufen, ein tierisches Businessbuch, Offenbach 2005.
Goldmann, H. M.: Wie man Kunden gewinnt, Berlin 2002.
Junge, W./Junge, M.: Kundengespräche souverän meistern, 2. Auflage, Wiesbaden 2003.
Hartwig, T./Lettmeier, S.: Das verkaufsaktive Call Center, in: Schriftlicher Lehrgang in 13 Lektionen, Call Center Management, Management Circle Edition 2006.
Hartwig, T./Maser, E.: Kundenakquise, Heidelberg 2007.
Häusel, H.-G.: Brain Script, Planegg 2004.
Ibi Research: Cross-Selling bei Banken und Sparkassen. Empirische Analyse und Status quo, Trends und zukünftigen Anforderungen, Regensburg 2007.
Kartmann, S. W.: Aktiv zuhören und clever fragen. Erfolgreiche Kommunikationstechniken für Führung und Verkauf, Offenbach 2005.
Kellner, O. K.: Sim sala win! Mit Zauberei verkaufen, begeistern und gewinnen, Heidelberg 2003.
Klein, H-M.: Kundenorientiert telefonieren, Berlin 2004.
Fischer, C.: Telefonsales, Offenbach 2006.
Köhler, H.-U.: Verkaufen ist wie Liebe, 14. Auflage, Regensburg 2008.
Krumm, R./Geissler, C.: Outbound-Praxis, 2. Auflage, Wiesbaden 2005.
O'Connor, J./Prior, R.: Fair verkauft (sich) gut. Mit Ethik und Effizienz zu einem neuen Markt, Freiburg 1996.
Prack, R.-P.: Beeinflussung im Verkaufsgespräch, Wiesbaden 2008.
Profitel Consultpartner: Call Center Benchmark-Studie 2006.
Riemann, F.: Grundformen der Angst, 36. Auflage, München 2006.
Thomann, C./Schulz von Thun, F.: Klärungshilfe, Hamburg 1988.
Schäfer, H.: Die Erschließung von Kundenpotenzialen durch Cross-Selling, Wiesbaden 2002.
Schuler, H./Haller, S.: Der neue Innendienst, Wiesbaden 2008.
Schulz von Thun, F.: Miteinander reden 1, Störungen und Klärungen, Hamburg 1998.

Sickel, C.: Verkaufsfaktor Kundennutzen, 4. Auflage, Wiesbaden 2008.
Stempfle, L./Zartmann, R.: Aktiv verkaufen am Telefon, Wiesbaden 2008.
Walther, G.: Sag, was du meinst, und du bekommst, was du willst, Düsseldorf 2001.

Die Autorin

Tanja Hartwig genannt Harbsmeier ist Trainerin, Coach, Beraterin und Buchautorin. Sie leitet seit 2002 das Unternehmen Effektive Kundenbetreuung in Köln.

Ihr Spezialthema ist der Inbound-Sales, hier schult sie Agenten und Führungskräfte und berät Unternehmen bei der Implementierung.

Als Expertin für Telefontraining und Kundenbetreuung macht sie Mitarbeiter/innen, Führungskräfte und Existenzgründer/innen mit Themen wie Kundenkommunikation, Selbstmarketing, faires Verkaufen, Beschwerdemanagement und Stressbewältigung am Arbeitsplatz vertraut.

Dabei geht sie davon aus, dass jeder bereits das Beste aus der Situation herausholt, und motiviert die Teilnehmer gleichzeitig, neue, zusätzliche Potenziale und Fähigkeiten zu entdecken. Als Diplom-Sozialpädagogin und NLP-Master/Coach/Trainerin (DVNLP) schöpft die Autorin aus ihrem umfangreichen Erfahrungsschatz im sozialpädagogischen Bereich sowie in Führungspositionen. Sie ist Initiatorin des ConexUsClub und Mitglied in der European Coaching Association (ECA) sowie im Bundesverband der Verkaufsförderer und Trainer (BDVT).

Internet:
www.effektive-kundenbetreuung.de

Die Gastautoren
(in alphabetischer Reihenfolge)

Franklin Flores Arce war während seines Betriebs- und Volkswirtschaftsstudiums als Call-Center-Agent in einer technischen Hotline eines großen deutschen Softwareunternehmens tätig. Seit Anfang 2008 ist er als Trainer und Coach bei der Effektiven Kundenbetreuung in Köln angestellt. Er greift auf zehn Jahre Berufserfahrung in Gastronomie und Hotelgewerbe zurück. Als gelernter Koch, Hotelkaufmann, Restaurantfachmann und Systemgastronom bildete er selbst Auszubildende aus.

Elisabeth Friedsam ist seit dem Jahr 2000 für ein namhaftes Versandhandelsunternehmen tätig. Sie gilt als Expertin auf dem Gebiet Up-Selling und hat dort den Bereich Up-Sell als eigenständigen Vertriebsweg aufgebaut. Nach erfolgreicher Implementierung der Basissysteme und der organisatorischen Prozesse leitete sie das Projekt „Up-Sell Phase 2" (Erweiterung und Optimierung der Up-Sell-Funktionalitäten zur vollständigen Prozessintegration).

Petra Goller ist seit drei Jahren mit ihrem Unternehmen PeGo im Bereich Training, Coaching und Personal selbstständig und damit insbesondere in den Bereichen Service- und Call-Center, Personal und Logistik aktiv. Sehr früh zeigte sich ihr Interesse für Menschen und deren Qualifizierung. Ihre Passion ist es, die Freude am Lernen und die Eigenmotivation der Mitarbeiter wieder zu „wecken" – unter Einbindung von betriebswirtschaftlichen Aspekten. Ihre Berufserfahrung sammelte sie unter anderem als Ausbildungsleiterin, Personalleiterin sowie Projektleiterin. Bei der BI-LOG AG war sie projektverantwortlich für Inbound- und Outbound-Call-Center, deren inhaltliche Aufgaben und Branchen von der Telekommunikation über Banken bis hin zu Strom und Bestellservice reichten. Bei der BLS Bischoff Logistik Systeme Holding GmbH betreute sie unter anderem die Aus- und Weiterbildungsmaßnahmen.

Romy Hübner fand schon rund um ihren Magister-Abschluss in Soziologie und Erziehungswissenschaft an der Universität Rostock zu ihrem Thema Weiterbildung. Ihre Studienschwerpunkte Personal- und Organisationsentwicklung setzt sie bis heute in die Praxis um. Seit 2006 ist sie bei Aida Cruises im Service Center für die Bereiche Coordinator Training/Quality Management zuständig und setzt dort professionelle, selbst entwickelte Schulungskonzepte um.

Elisabeth Maser lebt ihre Leidenschaft für Wertschätzung im Kundenservice als Inhaberin der Firma fit4call. Seit 2001 überprüft ihr Unternehmen erfolgreich die Servicequalität der Auftraggeber mit Mystery Calls, Mystery Mails, Quality Monitoring und Kundenbefragungen. Die Basis für ihren Erfolg als Beraterin und Expertin für Qualität im Kundenservice bilden sowohl Ideenreichtum als auch ihre facettenreiche Laufbahn. Ob als Führungskraft in mittelständischen Unternehmen, Projektleiterin in der Flugzeugindustrie oder Call-Center-Agent bei einer Direktbank – das Thema Kommunikation zieht sich durch ihr gesamtes Berufsleben. Als Mitglied im Call-Center Forum e. V. und im DIN-Ausschuss für die europäische Normung von Customer Contact Centern gestaltet sie aktiv die Zukunft der Servicebranche.

Carsten Rückert führt die Kundendienstorganisation inklusive Backoffice und technischem Support, Service-Center (In- und Outbound) und fünf Shops bei der htp GmbH. Seit 2008 ist er dort Ausbilder für Servicefachkraft/Kaufmann Dialogmarketing und Mitglied im Prüfungsausschuss Servicefachkraft/Kaufmann Dialogmarketing. Seit 1998 ist er Leiter des Call-Centers und der Shops. Davor war der gelernte Einzelhandelskaufmann bei der Mannesmann Mobilfunk GmbH Mitarbeiter in der Kundenbetreuung sowie im Bereich Verkauf und Disposition bei WOM-World of Music in Hannover tätig. Carsten Rückert ist Fachreferent für Customer Life Cycle Management.

Manfred Stockmann beschäftigt sich seit über 20 Jahren mit dem Aufbau und der Weiterentwicklung von Personal- und Organisationsprozessen in Unternehmen, seit Mitte der 90er Jahre auch mit Fokussierung auf Contact Center Organisation und Kundenkommunikation. Im Jahr 2002 gründete er die C. M. B. S. Managementberatung und ist unter anderem beteiligt an der Entwicklung der Call-Center-Personenzertifizierungen und des europäischen Normenstandards. Er ist zudem Autor zahlreicher Fachpublikationen sowie Präsident des Call Center Forum Deutschland e. V.

Dankeschön!

Mein besonderer Dank bei der Umsetzung dieses Buchprojektes gilt Katja Kerschgens, die mich immer wieder ermutigt hat, am Buch weiterzuschreiben.

Mein weiterer Dank gilt meinem Team und meinen Kunden, die diesen spannenden Weg mit mir gehen.